書斎にて。（写真提供　広瀬書院）

深井戸が一つ、
そしてそれに関連性の高い
井戸をもう一つ掘る。
それは、
浅井戸でもかまわない。

渡部昇一

知の井戸を掘る

新・知的生活の方法

渡部昇一

青志社

まえがき

「知的生活」とは何か
自分流の「生き方」を愉しむヒント

渡部昇一

まもなく古稀を迎えようとする私が自分の人生を振り返って考えてみる時、こんな努力や生き方をしてきて本当によかったと感じることがいくつかある。

その一つは、自分の一生に決定的とも言える影響を与えてくれた先生や書物という「先達」から、なるべく多くの糧を得るように努めてきたこと。そして、もう一つは、自分の心が求めるもの、自分が本当に好きだなと思うことを、脇目も振らず徹底的に追い求めてきたこと、である。

チャールズ・ダーウィンは、「人間にとって重要なのは、頭のよさよりも心の態度である」と言ったという。つまり、価値ある人生を送るために本当に必要なのは、学問の世界で言う頭のよさではなく、真剣にものを考え一事専心する態度であると言いたかったのだろう。

そのダーウィンであるが、小さい時は勉強ができなくて、才気煥発で賢い妹のほうが息子だったらよかったのに、と親から言われて育ったという。しかし、ダーウィンは自分が興味を持ったことは納得するまで追究するというねばり強さを持っていた。そして、最終的には、あの生物の進化思想と自然淘汰説を明らかにした『種の起源』という、たいへんな学問的成果を残したのである。これは、それまでの人間の価値観を覆すほどの偉大な業績であった。

この話を、私は旧制中学時代に恩師の佐藤順太先生からうかがったのだが、その後の人生を考えていく時にたいへん参考になったことは言うまでもない。なるほど、いわゆる「カミソリのような頭」ではなくても、深い興味と探求心、自分の人生で一番大事なことを見極める力さえあれば、歴史的な業績をおさめることも不可能ではない――そんな希望を私に与えてくれたのである。

この話に深い感銘を受けたこともあって、私は学生時代をとおして、先生方や書物の中から、なるべく多くの教訓を得ようと心がけた。それは、言葉を換えれば自分の本当にやりたいことは何か、どんな人生を送りたいのかということを、真剣に考えていた、とも言えるだろう。

そして、自分の好きなことをして身を立てていくのが夢であり、究極の幸せであり、そのためにこそ自分は生きているのだ、という確信を抱くようになった。その私の「好きなこと」とは、本に囲まれ、それを読んで過ごすような生活、または本を執筆するような生活、つまり「知的生活を送る」ということであった。これはまた、ただ食べるためだけの生活でなく、もっと人間らしく生きるということでもあった。

幸いにして、私は大学を終了すると大学院へ進み、ドイツ・イギリスの留学を経て、母校で教鞭を執ることができた。その道は、おおむね愉快であり、自分の立てた志のとおりの人生を送っているという充実感もあって、幸せな日々であった。好きなことをしている時、人は苦労を苦労と思わないからである。

さて、自分が大学の教師となり、学生を教える立場になってみると、私が若いうちに恩師や恩書から得てきた教訓を、彼らにも与えてやったほうがいいのではないかと思うことがしばしばあった。

それは、大学でも非常に優秀で頭のいい学生が、必ずしも学問の道に入るとは限らないし、入ったとしても必ずしも業績を上げられないでいるのを見てきたからだ。そうすると、これは「頭の知能指数」の問題ではなくて、自分のための人生をどういうふうに考えていったらよいのか、という心術を知らないことに起因しているのだと確信したのである。

現在は、自分の好きな道を誰もが自由に選べる時代である。可能性は無限にあると言ってもよい。だから、自分の関心を広く豊かに持ち続け、自分の心の声に耳を澄まし、きちんとものを考えながら生きてほしい。

心の底から自分の夢の実現を願い、常にそのことを考え続けていれば、それがいつどういう形で相乗効果を起こすかもしれないからである。

自分の興味を喚起したことは、可能な限り追求する。そして、それが意外な時に意外なものと結びついてアイデアを生み出す。そのアイデアが、人生の方向を決める時に一つの指標になるかも知れない。そうしたことのすべてが、広い意味での「知的生活」であると私は考える。

新・知的生活の方法

知の井戸を掘る

目次

まえがき　渡部昇一　3

1 こんな知的刺激が後々まで「ものを言う」

どこまで本当に「自分のやりたいこと」ができているか　18
最もよき時代の「英国精神」の虜になる　20
〝一つのこと〟に秀でれば、たいていの望みはかなう　22
〝時流〟に惑わされない生き方が結局は幸福に　25
こんな〝思い込み〟から解放されればもっと自由になれる！　28
〝レールに乗れば大丈夫〟なんてコースはない　29
背骨のあたりがゾクゾクするような「チャンス」　31

2 「師」に何を学ぶか、「ライバル」とどう磨き合うか

〝人間としての感化〟を受けるほどの「師」　36

〝規格外〟だから最高の栄養源となる　38
人間の「あらまほしき姿」を身をもって学ぶ　41
ベーコンが言った「知的生活」の三本柱　42
「よい人間関係」は滋養のように〝じんわり〟効いてくる　44
私の志に〝助け船〟を出してくれた恩師たち　46
〝感謝する心〟はすべての人間をハッピーにする　48
大人の友人関係にはこんな「緊張感」が必要　50
嫉妬心を〝向上心〟にまで高め合えるライバルがいるか　53
師でもライバルでも〝発見する〟のは自分　54
あの気むずかしい漱石を父のように門下生が慕った理由　55
仕事上の人間関係はまず〝ミューチュアリ・ベネフィシャル〟でいく　58
「自分の世界」以外の世界からしみじみ教えられるもの　61
人間関係に上下ができる遊び方はしない　62

3 「考える力」が必然的につく読書法

人間の魅力に直結している〝発想の乱反射〟 66
情報氾濫の時代だからこそ〝グルメな読書〟を 68
ベストセラーの〝切り口〟には時代の気分が読める 69
古典を楽しむコツはこんなところにある 72
古典は〝パシュネット・フュー〟に支えられてきた 74
生き方の〝襟〟を正してくれる古典 77
自分だけの〝ヒントの泉〟を持つ喜び 79
「読むべき本百点」よりも面白くて意外性のある本 82
私がおすすめする〝準古典〟 83

4 知的生活の「環境」をどうつくるか

「孤独の時間」に知的生活のイメージも発酵する 89

口グセ「自分の置かれた環境が悪い」を断ち切るヒント 91
機動力のある「知的財産」から生まれる驚くべき成果 93
〝相性の合う〟本にはどんどん書き込みを 95
〝自分専用の空間〟を持つ〝無上の喜び〟 98
〝私的ライブラリー〟のすすめ 100
知的生活の大敵〝騒音〟をどう排除するか 102
こうすれば無理のない範囲で十分に知的生活が楽しめる 104

5 よく生きるために不可欠な「運」の呼び込み方

「直接の努力」よりはるかに大事な「間接の努力」 108
人知で測れないいものに対する〝知的態度〟 110
惜福——幸運にいい気になって舞い上がらないこと 112
秀吉を秀吉たらしめた「分福」の精神 114
「植福」できる自分の力や情・智に感謝する 116

〝自分の手のひら〟を痛めない人に運も味方しない 118

6 着実に〝成果を上げている人〟の時間活用術

「時間がない」は仕事逃れの口実に過ぎない 122
なぜ「大人の時間」より「子供の時間」のほうが長いのか 124
「若さ」や「元気」を保つための〝二つの時間〟の調整法 127
時間を〝密度の高い空間〟に変える努力を 129
頭のエンジンをフル回転させるための〝知的時間術〟 130
発明王エジソンの〝ひらめき時間〟術 132
「自分ではどうにもならない時間」も「自分の時間」に転化できる 134
〝一事集中〟で知的地平線がグンと広がる 136
文科の人間になぜ「エントロピー」の概念が必要なのか 138
週末は確実に手に入る〝最高のボーナス〟 140
この〝復元力〟があれば、もっと柔軟な発想ができる 142

退職後に〝輝いている〟人たちの秘密 144
この〝偉材〟たちの著作の原点は「時間管理術」に尽きる 145
新しい欲がまた「次の欲」を生み大きくなる 148
「物事の真実」に耳を傾けるための沈黙としての余暇 150
〝腰を伸ばす時間〟として余暇を愉しむ 152
自分の興味の幅が余暇の充実度を決める 155
単なるリクリエーションでは得られない〝深い愉しみ〟 157
頭をリフレッシュさせる特効薬 158

7 情報を生かす人、情報を生かせない人

まずは自分の〝興味の波長〟をしっかり決めること 163
情報を生かせる人、情報に振り回される人 166
「関心のブレークダウン」を試みるのも一つの手 167
〝情報の捨て方〟に有能さが問われる時代 169

自分の頭を刺激し続ける情報・資料は身近に置く　171
百冊の本を読むより、はるかに実り多い〝対話〟がある　173
よき師、よき友、よきコネがいい人生の〝三種の神器〟　176
世の中は決して〝理屈どおり〟には立ち行かないから……　177

8 頭脳鍛練の基本――記憶力・発想力を育てる

私がカバンに入れている〝秘密兵器〟　182
知力の根幹は暗記力――この驚くべき波及効果　184
カラオケに行くのも立派な頭脳鍛練になる!?　185
「時間の節約」に革命を起こしたテープレコーダーの活用法　187
「世の中の仕組みが何もわかっていない」という不安　189
〝自問自答〟するクセのある人の文章は味がある　190
〝誤解のない文章〟を書く一番の基本　193

度が過ぎる〝メモ魔〟も考えもの 195

9 自分の夢と現実をイコールで結ぶ生き方

夢を天秤にかけるよりもこの〝声〟に忠実に 200
慢心の恐ろしさを「花」にたとえた世阿弥の処世法 202
自分の仕事や勉強に〝まことの花〟はあるか 203
深井戸プラス〝補助の井戸〟が人生を充実させる 205
専門分野の井戸は誰よりも深くまで掘る 207
経験を〝発想の泉〟に転化させる達人 208
「感謝する」ことには敏感、「感謝される」ことには鈍感であれ 210

10 測れる知力と測れない知力について

学問とは違った「知」があることを教えてくれた母 214
〝インテリジェンス競争〟の構図に女性が入ろうとすると…… 217

ミセスと呼ばれたいか、ドクターと尊敬されたいか 221
女性であるがゆえに可能となった〝知的風景〟の大変化 222

11 知的生活と経済基盤――目先の煙に巻かれない生き方

人間の優れた資質のいくつかはお金にからんでいる 226
経済的自立なしに人は評価されない 227
「お金の現実」をまざまざと教えてくれた名著『私の財産告白』 229
収入の「四分の一」は有無を言わずに貯蓄に回す 231
貯蓄も仕事も〝取りかかるまで〟が一番むずかしい 233
お金のあるところにはいろいろな「知恵」が出てくる 234
〝仕事を道楽化〟できるのも十分な蓄えがあればこそ 236
とにかく〝目先の煙〟に巻かれない生き方を 239

ブックデザイン 塚田男女雄(ツカダデザイン)

1

こんな知的刺激が後々まで「ものを言う」

私が『知的生活の方法』という本を出版したのは、今から四半世紀近くも前の一九七六年のことだった。「知的生活」という言葉が新鮮だったのか、すぐにベストセラー入りした。この本は、私が英語学者として教鞭を執り、また評論活動を始めるまでのいわば「知的遍歴」を率直に振り返ったものである。

本を読んだり、物を書いたりという自分の体験が、いささかでも知的生活を目指す人たちの参考になればと思って出版したのだった。

どこまで本当に「自分のやりたいこと」ができているか

そして、「知的生活」を目指す人はその後も少なくないとみえて、いまだに版を重ね続けている。今ではパソコンやインターネットなどで知的武装をする人々も増えたが、私の場合、「知的生活」の基本はあくまでも読書を重視した生活スタイルであり、物を書くことであり、オリジナルな発想を楽しむことだと考えている。

では、人は何のために「知的生活」を目指すのであろうか。それは自分を精神的に成長させ、今よりもっと大きな視野を持った人間になるためである。そして、ただ食うために働き生きていくのではなく、自分が本当にやりたいことをやり、真に人間らしい一生を送るためであろう。その意味で、私が「知的生活」の原点に挙げたいのは、〝志を立てる〟ということだ。自分は何がしたいのか。自分は何になりたいのか。何をもって自己実現し、社会に尽くしたいのか。まず、それを見極めることである。

そのためには、多様な人生観の中から自分にぴったり合ったものを選び取れるかどうかということが大きな問題になる。しかし、その条件は時代や国家によって大きく異なってくると言える。

例えば、旧ソ連のような全体主義の国では、人々の志の立て方も比較的単純だったのではないだろうか。若い時から青少年の共産党団体に入って得点を稼ぎ、一人前の共産党員になったら「ノーメンクラツーラ」と呼ばれる特権集団に入るといったように、志を立てるコースが限られていたからだ。

また、昔のシナでは、人材登用の制度として科挙があった。猛烈な勉強をしなければ試験に通らないが、勉強する内容も読む本も決まっており、進むべきコースとしては、これもまた限られていた。

日本でも江戸時代は士農工商の身分制度があったため、誰もが好きな職業に就けるわけではなかった。家の跡を継げない農家の次男坊、三男坊が志を立てても、商人のもとに丁稚(でっち)奉公に入り、番頭を目指すというぐらいが関の山だった。

こうした時代と対照的なのは、市民社会とリベラル・デモクラシーが成立したヨーロッパの、産業革命以降の時代である。市民社会においては、人々はどんな志を立ててその実現に邁進(まいしん)してもかまわない。どんなコースでも自分の自由に選ぶことができた。例えば、軍人になるということはごく普通の志の一つではあったが、発明家になることも企業家になることも可能であった。

最もよき時代の「英国精神」の虜になる

その市民社会が成立した時代に、一冊の名著が生まれている。それはサミュエル・スマイルズ（一八一二〜一九〇四年）の『自助論』（原題 Self-Help／竹内均訳・三笠書房）である。私が比較的若い時から志を立てるということに関心を持ったのは、実はこの本との出会いがきっかけだった。実に刺激的な出会いだった。そして、この本から得た知的刺激は、のちの私の生き方の方向を決定づけたと言ってもよいほどである。はじめて原書で読んだのは、大学の英文科に入った時だった。ほかの学生は出世を教えるロウ・ブラウ（通俗的）な本として見向きもしなかったが、私はなぜか気になってこの本の虜となった。最もよき時代のイギリスがそこにあると感じたからである。

この本は、今から百年あまりも前に出版されたが、明治四（一八七一）年には中村正直による日本語訳が『西国立志編』と題して出版されている。『西国立志編』は、福沢諭吉の『学問のすすめ』と並んで明治の青年たちによって広く読まれ、当時の日本で百万部も売れたと言われる。「天は自ら助くる者を助く」という独立自尊のスローガンが明治の青年たちを奮い立たせたのである。

『自助論』の自助とは、勤勉に働いて、自分で自分の運命を切り拓くことである。これを現代流に言えば自己実現ということになるだろう。

ともかくも大きい夢を描き、その夢の実現に向けて一生懸命に働くこと。こういう人をこそ天は助け、彼の夢はいつの日か必ず実現する。世の中にこれほど確かなことはない。その意味では、この世は特別の事故などがない限り、因果応報・善因善果・悪因悪果の世である。

この本では、これでもかこれでもかといった具合に多くの人物の例を挙げて、自己実現の本質について詳しく論じている。これだけの例をよくも集めたものだと、スマイルズの根気強さにあきれるほどである。

この本のおかげで、私はイデオロギーの世界、つまり社会主義や共産主義そして軍国主義のような志の選択範囲が狭くなる世界と無縁でいられたのではないかとさえ思っている。

私は昭和五（一九三〇）年生まれで、軍国主義が支配的になる前の比較的自由な時代のにおいを嗅いで育った。それはまだセルフ・ヘルプが許された時代だった。

しかし、大陸で戦争が始まり、戦火が太平洋に及ぶにつれて、志の種類は軍人か技術者になる以外は残されていないような時代になった。だから終戦後、日本はもう一度セルフ・ヘルプの世界に戻るべきだという感じを私は強く持ったのであろう。それが焼跡の東京の大学で、私が何となく感じたことであったらしい。

"一つのこと"に秀でれば、たいていの望みはかなう

ところで、興味深いことに、『自助論』が日本ではじめて『西国立志編』として訳されたのは明治維新の時代、富国強兵、殖産興業が叫ばれていたころである。訳者の中村正直は、幕府の最高学府だった昌平黌（しょうへいこう）始まって以来の秀才と言われたほど、漢学のよくできた人だった。

まだ徳川幕府が倒れる前に、彼はヨーロッパに留学させられ、当時、先進国の代表だったイギリスに行っている。当時の日本とイギリスでは、まさに天と地ほどの大きな違いがあった。中村は「どうしてこんなにすごい国ができたのだろう」といろいろ考えたものの、ついに理解ができなかった。

そのうち幕府が倒れたため、中村は帰国することになった。そして船に乗る直前、イギリスで知り合いになった友人フリーランドから贈呈された本が、この『自助論』だった。彼はこれを読んで非常に感激し、イギリスが世界に冠たる国である理由がやっと理解できたのだと言われる。

船の中でほとんど暗記するばかりに読みふけった中村は、帰国するとすぐに静岡で『西国立志編』の翻訳に取りかかり、約十カ月かけて明治三年十月に訳了、翌年に出版した。この本は明治初期の人々に大きな影響を及ぼすことになる。というのも、身分制度が崩壊し、自分の進路に迷い始めた人々にとって、『西国立志編』は希望を抱かせる内容だったからだ。

この本にはひとたび志を立て、好きな道で一芸に秀でれば、たいていの望みは叶うと書いてある。封建社会という身分に縛られた時代が終わり、新しい時代に希望を見出そうとした多くの人が、これを読んで志の立て方を学んだのである。

また、中村正直には「立志」を学んだもう一人の師がいる。江戸末期の儒官、佐藤一斎である。佐藤は、彼が四十二歳から八十歳にかけての、約四十年にわたる思索の賜物と言われる『言志四録』の中でこう述べている。

学は立志より要なるは莫し。
立志もまた之を強うるに非らず。
ただ本心の好む所に従うのみ。

緊しくこの志を立てて以て之を求めば、
薪を搬び水を運ぶといえども、
またこれ学のある所なり。
況や書を読み理を窮むるをや。
志の立たざれば、
終日読書に従事するとも、
またただこれ閑事のみ。
ゆえに学を為すは志を立つるより尚は莫し。

学問をするには、まず志を立てることが何よりも大切だ。しかし、それは他人から強制されるものではない。自分が本当にやりたいと思うことをやるのが一番だという意味である。ここにはスマイルズの考え方と共通した世界がある。

〝時流〟に惑わされない生き方が結局は幸福に

佐藤一斎は幕末に活躍した多くの人物を育てている。明治維新の功労者である西郷隆盛は『言志四録』を座右の書にしていたし、多くの志士たちが一斎に私淑（ししゅく）していた。一斎はこうも述べている。

少にして学べば、即ち壮にして為すことあり。
壮にして学べば、即ち老いて衰えず。
老いて学べば、即ち死して朽ちず。

学問に限らずどんな分野でも、学び続け思索を重ねることがいかに大切かということを教えているのだ。

一つの例を挙げよう。国際的な仕事をしたいと幼いころから思っていたならば、まず語学をマスターしなければいけない。語学をきちんとやっておけば、社会に出た時、外国駐在員にもなれるし、外国人と商売をすることもできるだろう。外交官になるにも語学ができなくては話にならない。その後退官して著述家になったとしても、学び続ける意欲を持ち続けるならば、死んでから古典になるようなものを残すことができるかも知れない。

佐藤一斎が言うように、志を立てるとは、自分の好きな道を選び、一生懸命に研鑽（けんさん）を積んで、その道を究めることである。だが、好きな道を選ぶというのは、簡単なようで実はむずかしい。

その昔、開業医は非常に儲かる職業だった。今でも、地方都市に行くと、高額所得者の上位は医者になっているが、昔はその傾向がもっと顕著に見られた。かくして、医学部が進学コースの一番人気になっていたわけである。

しかし、今や医者はそれほど割のいい職業ではなくなった。医学が好きで、人を癒すことに情熱を持って医学部に行くのは立派なことだと思うが、日本中の青年が挙げて向かうというようなものではないということである。

戦争中の軍人志望もそうだった。

私にも記憶がある。阿部という修練の先生が中学校に入ったばかりの学生に「何になりたいか」と聞いた。すると、みんな口をそろえて、「陸軍幼年学校に行きます」「海軍予備学生になります」と答えたものだ。

ほかに、当時は工学部に進めば戦争に行かなくてもよかったから、技術者になりたいと言うのが数人。たった一人、私だけは文士になりたいと言った。そのため、同級生からはそれをあだ名にされてしまったが、阿部先生は逆に褒めてくださった。

日本軍のガダルカナル敗退の時期に、素っ頓狂な少年がいると思われたのだろう。子供心にも、本を読んだり書いたりする生活に入りたいと考えていたのかも知れない。

このことで、とても面白いことがあった。旧制中学と言えば、そのころは日本男子の一割くらいしか進学できないエリートの世界だったと言ってもよい。しかし、学徒勤労動員で授業が行なわれなかった時に、自律性のある勉強、すなわち自分の好きな勉強のできた人とそうでない者の間に、大きな差がついていたのである。それは学徒勤労動員という学校の勉強がない期間の後、学校にもどった時に明瞭になった。

これを学べば時流に乗れるだろう、というような考えで勉学の時を送ったとしたら、時代が変わってそうした知識や能力が望まれなくなった時、本人の失望は大きいだろう。でも、自分の好きなことに努力、専心していた人だったら、世の時流などというものは関係がない。

こんな〝思い込み〟から解放されればもっと自由になれる！

ところで、アメリカ人の間で好んで読まれているポップ・フィロソフィー（人生哲学）と呼ばれている自己啓発の本に、私はある時期から非常に興味を持っていた。自己啓発は、根のところで志の問題に連なっている。若いころから志の問題、人間の生き方の問題に重大な関心を持っていたが、ついに私自身もその関係の訳書を出版するに至るのである。

その最初のころの本の一冊は、ウエイン・W・ダイアーの『自分のための人生』（三笠書房）である。

これは個人主義のアメリカでも、極めつきの個人主義的な自己確立法で貫かれている。それは、たとえ他人がどう考え、どう行動しようとも、自分の「自己実現」の本道をしっかり選択し得る能力、これが本当の偉大さの本質である、という思想である。

そのためには、精神的に自立することが欠かせないとダイアーは説いている。精神的に自立している状態というのは、不当な義理や義務に縛られたり、他人に指示されて行動するということがまったくない状態のことである。不本意だが義務があるからどうしてもやらなければならない、というような思い込みから解放された精神状態のことでもある。

精神的に自立するというのは、自分自身になりきるということ、つまり、自分の望む生き方、行動をするということである。しかし、これは決して人間関係を断ち切るということではない。誰とでも自分なりの付き合い方ができ、それが自分の目指すゴールに到着する妨げにならないならば、その付き合いを続ければよく、変える必要はない、と言うのである。

この本は、『タイム』のベストセラー・リストでずっと一位だったので興味を持って読んだわけだが、ダイアーの考え方に、私は強く感銘した。その後、訳の機会を得たのだが、日本でも驚くほどよく読まれているのである。

〝レールに乗れば大丈夫〟なんてコースはない

志を立てて大成功を収めた人物と言えば、今ではマイクロソフト社のビル・ゲイツが有名である。彼は名門中の名門ハーバード大学に学んだが、卒業を待たずに、自分のガレージでパソコンをつくり始めて、今や世界一の金持ちになった。卒業するまで自分のアイデアを眠らせていたのでは、時代に遅れてしまうと考えたのだ。

アメリカが全体として国力が落ちない理由の一つは、志を立て、自分の力で道を切り拓いていかなければ、敗者になりやすい競争社会だからである。言い換えれば、出世コースがはっきりと見えない社会とも言える。

その点、日本はまだ出世コースの名残があって、戦後で言えば、東大法学部から中央官庁に行って天下るというのがある。しかし、このコースも今や破綻（はたん）しつつある。そんなコースよりも、むしろ自分の好きなコースを選んだほうが、十分な社会的地位も富も与えられる時代になりつつあると言っていいだろう。

不幸なことに、どうしても今の日本では、何をやりたいかという夢や希望が、子供の時から抑えられてしまいがちだ。そして、幼稚園、小中学校はどこがいい、高校、大学はどこがいい、と親が勝手に決めてしまう傾向が強い。

子供たちは親や先生など外側の声ばかりに押されて、自分の本当の声を聞かない癖がついている。本来、小さい子供というのは、あんな人になりたい、こんな人になりたいと、自分の心の底でつぶやくような声を持っていたはずである。

そして、この声こそ志の基調となる。しかし、ほかのコースを選べという外側の声が大き過ぎて聞こえなくなってしまうのか、いつの間にか声が出なくなってしまう。

しかし、エリートコースに漫然と乗っていればよい時代は過ぎ去りつつある。これからの社会は、自分の志を立てるよりほかに仕方がないんだと悟った人は、時々静かな時間を持って、自分の本音に耳を傾ける習慣をつけたらいい。

これはわざわざ何時間も取る必要はなくて、出勤や散歩の途中でもかまわない。そのうちにかすかなつぶやきが聞こえるだろう。最初はその声音は低くても、次第にはっきりと聞こえてくるはずだ。

背骨のあたりがゾクゾクするような「チャンス」

そして、その声がますますはっきりしてくれれば、それを具体的に頭の中にイメージしてみる。そうすると、自分のなりたい姿、あるいはやりたいことを成し遂げつつある自分がはっきりと見える瞬間が来る。

その時、背骨のあたりがゾクゾクするかもしれない。それは自分にひそんでいる潜在能力がうずいているのだ。それは神様からのメッセージであると言ってもよい。「お前の本当にやりたいことはこれだよ」というご託宣に違いない。この神様のメッセージは、ふだんなら見えないチャンスを我々に教えてくれる。

神様のメッセージと反対に、悪魔のメッセージというのもある。志を貫いて実現していく過程で障害、苦痛に遭うと聞こえてくる「俺にはやっぱり無理だ」という不安、畏縮(いしゅく)、そして逃避をうながす声である。

悪魔の声に負けて、そこであきらめてしまっては自己実現はない。志を立てたら、普通の人には苦労と思われることでも、苦労でないと感じられるかどうか。志が本物なら、やらざるを得なくなる。そして、それをやらないでいる苦痛のほうが大きい、という心境にならなければいけない。

例えば、語学をマスターしたい。辞書を引きながら本を読む。これはたいへんな苦痛である。しかし、英語なら英語、ドイツ語ならドイツ語でもかまわないが、自分がその語学を究め、外交官や商社マンとなって活躍している姿が頭の中に浮かんだら、辞書を引くことは苦にならないであろう。

あらゆる苦労は、そうした未来の自分の姿をイメージすれば乗り越えられると思う。

志を立てると、一つだけでなく新しいチャンスがいくつも見えてくる。内なる声につき動かされて一つの志を達成すると、また次の知的刺激に心がうばわれる。一つのことに満足できず、次から次にやりたいことを見つけ、苦労をいとわずそれを達成していって、どんどん大きくなっていく人もいる。そうやって大きな自分をつくっていくことが、人生の目的と言えるのではないだろうか。

佐藤一斎はこう言っている。

一燈を提(さ)げて暗夜を行く。
暗夜を憂(うれ)うること勿(なか)れ。
ただ一燈を頼め。

この場合の一燈は、志に置き換えられる。志を消さないで持ち続ければ、どんな窮地に陥っても意気消沈することはないということである。

2

「師」に何を学ぶか、「ライバル」とどう磨き合うか

およそものを考えたり、新しいものを発明・発見したり、工夫したりできるのは、人間だけに与えられた能力である。持って生まれたこのせっかくの能力を十分に生かし、より高いレベルの「知的生活」を実現するにはどうしたらよいか――それには物事をより深く学び（社会人ならさしずめ教養と実用の読書となろう）、頭を鍛えることが欠かせないのは言うまでもない。

さて、この「頭を鍛える」ために、手っ取り早い方法が二つある。それは、よき師とよきライバルを持つことである。

〝人間としての感化〟を受けるほどの「師」

まず、「よき師」について考えてみよう。何かを勉強する場合、「師」はその道の先達として非常に重要な役割を果たす。勉強するものにとって、優れた先達は、つねに「あらまほしきもの」として、自らの道しるべとなるのである。

一般論で言えば、学問の発達はそうした先達が幾世代にもわたって営々と積み重ねてきた方法論による成果である。そして、この師（先達）は、自分が何を学ぶかによって、大きく二つに分かれる。

例えば、自然科学のような分野を志すとすれば、「師」が積み重ねた学問的な成果や知見、さらにはその到達したレベルにたどりつく方法は比較的はっきりしている。

しかし、芸術や文学のような分野を志したとすれば、「師」の到達したレベルにたどりつく方法は、明確には示されないのが普通である。

我々が「師」について考える時、この二つの側面を念頭に置かなければならない。まず、「師」の二つのタイプとして、前者を見てみよう。

この「師」は、教えるということについてきわめて合理的、かつ効率的な手法を駆使する。そして、教えるという目的を迅速かつ正確に成し遂げる。見方を変えれば、教え方が系統だっているとともに、標準化されているのである。

また、教わるほうから見れば、学ぶために特定の「師」を必ずしも必要としない。もちろん、「師」と個人的な接触をするに越したことはないが、極端に言えば個人的な交流がなくても、既成の知識や教育内容を習得することができる。そして「師」の教えたレベルに比較的簡単に到達できる。

こうした「師」は、確かに文明を進歩させ、自然科学などを発展させる上で、大きな役割を担っている。現在の教育制度のもとで教えている教師に多く見られるタイプで、とりわけ厳しい受験戦争を勝ち抜くために歓迎される。

しかし、「師」にはもう一つの大事なタイプがある。それは人生の師・人間形成の師とも言うべき人で、英知に恵まれるとともに、人格的にも非常に優れた「師」である。いわゆる古きよき時代の師匠と弟子の関係に見られたもので、教わるものは、少しでもその「師」に近づこうとひたすら努力することによって、自己形成を果たそうとする。

もちろん両方のタイプが一致する場合もあるが、これは現代においては、おそらく稀(まれ)ではないかと思う。後者のタイプの師は、近代的な学問のものさしで測れば、必ずしもよき「師」とは言えない面もあるかもしれない。しかし、教えを受けた者から見ると、その「師」からは学問とは別の次元からも人間としての幅広い感化を受け、より豊かな心の糧(かて)を得るものである。

〝規格外〟だから最高の栄養源となる

ところで、私の「師」との出会いはまことに幸運に恵まれたと言ってよい。両方のタイプを一身に備えた「師」に学ぶことができたからだ。

私の第一の青春時代とも言うべき中学校（旧制）時代、今もなお人生の師と仰ぐ佐藤順太先生（英語学）との運命的な出会いがあった。佐藤先生の授業は、今日の基準から見れば間違いなく〝規格外〟として非難されるようなものだった。

高校三年（新制）の時、先生はフランシス・ベーコンの『勉学について』を教材として取り上げ、講義してくれた。

ちなみにフランシス・ベーコンは、十六世紀後半から十七世紀にかけて活躍したイギリスの貴族出身の哲学者で、経験論の創始者として知られており、近代の学問に多大な影響を与えた人物である。

佐藤先生が教材に取り上げた『勉学について』は、彼の観察と思考の果実とも言うべき『エッセイズ』（『フランシス・ベーコン随筆集』岩波文庫）の中の一つである。佐藤先生は、ベーコンが偉大な哲学者で、その時代の最高の知識人であることを熟知しておられた。そして当然、内容についても深く理解しておられたが、これを講読する時、佐藤先生は、表面をさっとなでるように訳してどんどん先に進むという安易なやり方は、最初から取られなかった。

例えば、一つひとつの単語の意味を実に入念に分析したりする。通常の辞書では、通りいっぺんの意味しか出ていないので、文意にしっくりこない場合が多い。そんな時にはCOD（コンサイス・オックスフォード・ディクショナリー）をひもといて、的確な解釈を丹念に探し求める。そして、わずか一行の文章で語られている内容をこれでもか、これでもかと掘り下げるのである。

そのころ佐藤先生は六十歳を超えていたと思われるが、長い人生経験を通して「こうしたケースがある」、あるいは「ああしたケースもある」と、さまざまな方向に限りなく解釈を拡大する。したがって、一時間の授業時間のうちに、教科書が一行も進まないことも珍しくなかった。極端な場合は、一つの単語の解釈にこだわって授業が終わってしまうこともあったほどだ。

このような教育法は、現在の高等学校ではとうてい考えられない。入試や学期試験という目的のために、教科書の内容を最初から最後まで満遍（まんべん）なく上手に教えなければならないからである。

そうした合理的な現在の教育法にも確かに意味がある。しかし、佐藤先生は、言わば教材を通して人生論を語っていたわけであり、こうした教育法は教科書ではとうてい学ぶことができない、生きた知識を同時に授けてくれていたと言える。

それらの知識は、試験に直接的な効果を発揮することは少ないが、その後の長い人生を生きていく上で、必ずや有形無形の価値を発揮するものである。

人間の「あらまほしき姿」を身をもって学ぶ

佐藤先生のこうした講読のスタイルは、昔の人が『論語』などを読むようなスタンスに一脈通じるものがある。

言うまでもなく『論語』は孔子の言行録で、それを後に弟子たちがまとめたものである。孔子は教科書的な知識よりも、人間の生き方や人生のあり方について、弟子たちに範を垂れた。だからこそ時代を超えて、その教えが脈々と現代に伝わっているのである。

『論語』の読み方については、明治の文豪である幸田露伴が随筆『一貫章義（いっかんしょうぎ）』の中で述べている。「一を持って貫く」という一句を取り上げて、つぶさに書物というものへの取り組み方を述べているのだ。

私は、はしなくも佐藤先生のベーコンの講読によって、露伴が取り上げた「旧幕時代の『論語』の読み方」を身をもって体験した。

私が英文科に進むことになった最も大きな契機は、一に佐藤先生の薫陶（くんとう）によるものである。高校を卒業して大学に進学した後にも、夏休みなどに帰郷すれば毎日のように先生のお宅を訪ね、人生や学問のあり方について聞かせていただいた。それらの話は、私にとって人生の宝と言っても、決して過言ではない。

もちろん、佐藤先生は英文科志望の人間を育成するために、そんな教育法をしていたわけではない。しかし私は、先生の学問に対する姿勢や生き方に決定的な影響を受けた。率直に言えば、佐藤先生は私の学問の出発点であり、まさに人生の「あらまほしき姿」であった。

つまり、露伴が「一をもって貫く」という一節を例にして一つの読書法を示したのと似たような方法を、佐藤先生は学校の授業でなされたのである。

ベーコンが言った「知的生活」の三本柱

ベーコンも先の『勉学について』というエッセイの中で、面白いことを言っている。それは、「読書は充実した人間をつくり、会話は機転のきく人間をつくり、書くことは正確な人間をつくる」というものだ。

確かに、読書は知識の豊かな人間をつくる上でたいへん有益である。一概には言えないにしても、読書を疏(うと)んじる人がとかく見解が狭いということは、よく見かけるところである。

また、ものを書く人は、知識や情報に正確さを期するのみならず、その性格においても正確で几帳面になるものである。いくら頭がよくても、ものを書くことを疎んじると、知識は杜撰（ずさん）に流れやすく、記憶も不正確になりがちである。ものを書くということは、不断に自分の知識をチェックしていることになる。また、そのためには仕事や日々の生活において、日記やメモを取る行為にもつながることがあろう。

一方、会話は、頭の血の巡りを活発にするようである。例えば商人や営業マンは、商取引きの経験を積めば積むほど、あいづちや話の間（ま）の取り方が上手になる。特に、私自身テレビに出て気づくことだが、会話や討論に不慣れな人は話の間合いを心得ていなかったり、あいづちが下手だったりで、論点がぼやけてしまって、話がおかしな方向にずれてしまいがちである。

自分の言いたいことを相手かまわず一方的にしゃべるのではなく、相手の言うことをよく聞いて理解し、間を上手に取って受け答えできる人は、頭の血の巡りがいい証拠と言えよう。

もちろん、こうした血の巡りのよさは、何度も経験を積んだり、そうした会話の場に慣れれば自然と身に備わるものである。

「よい人間関係」は滋養のように〝じんわり〟効いてくる

このように、人間関係の大事な要諦として私は、学校の先生の存在を非常に重視している。私の人生は、学校の先生たちに恵まれ、そういう先生たちに教えられてここまで来れたと信じているからだ。そして、そのような先生との人間関係は、滋養のようにじんわりと私の成長を支えてくれているのである。

私は戦後、まだ学生が五百人もいるかいないかの小さな私立大学に入学した。明治以来、これという有力な人物をまだ世の中に一人も出していないキリシタンの学校だから、世間の出世ルートとは一切関係がなかった。そこで考えたことは、「これからの人生をどうやって生きるべきか」ということだけだった。

幸いなことに、そこにはすばらしい先生方がたくさんおられた。これまで紹介した先生も含めて、そうした先生方を挙げておこう。ケンブリッジの英文科の初代教授クイラ・クーチ先生の愛弟子だった学識深奥なドイツ人、ロゲン先生。輝くような西欧的知性を示すロゲンドルフ先生。とにかく英詩は暗記すべしと毎週四時間、英詩を我々に暗記させたライエル先生。神道系の宗派の幹部であり、終戦直後の日本の大学でただ一人、『古事記』

を講読された佐藤幹二先生。化学の時間に一年間エントロピーだけを教えられた柴田栄一先生。近代生物学の発展を明確に教えられた野沢登先生。幸田露伴の随筆を読むことをすすめられた教育学の神藤克彦先生。

ハイゼンベルクやアインシュタインの数式までわかった気にさせてくださった物理学の山室宗忠先生。哲学概論の名のもとに、ギリシャからカントまでの認識論の批判を通じて、ネオ・トミズムの認識論こそ信頼すべき哲学であることを納得させてくださったボッシュ先生。倫理学の時間に、「この本一冊を読めば、他のことは一切忘れてよい」と言って、みんなにアレキシス・カレルの『人間　この未知なるもの』（拙訳、三笠書房）をすすめられた望月神父。

英文学の学生相手に朱子集注で『孟子』を読み、さらには『書経』まで講読された飯田伝一先生。大学一年生のクラスで、ブランデンが日本の大学の教員などのために行なった講義録をテキストに用いられた刈田元司先生。このほかにも、靖国神社がドッグレース場にされるのを救ってくださったビッター先生もおられた。竹下数馬先生の江戸文学の講義も、長寿吉先生の西洋史も一年生の時に聞いた。ドイツ語は増田和宣先生にヒルティやシュトルムを読んでいただいた。

こういう大学、というよりは私塾のような規模と雰囲気の場所に、私は高校を出るとすぐに入ったのだ。今から考えても何という贅沢(ぜいたく)なことだったろうか、と思う。

私の志に〝助け船〟を出してくれた恩師たち

小学校や中学校は別として、高校や大学ともなれば心がけ次第で学生のほうから先生を選ぶことができる。先生と言っても、それこそ千差万別、多士済々である。

「先生を選ぶ」には、自分自身に何らかの志や問題意識、興味の対象となるテーマがなければならない。しかし、それがあれば、先生を選ぶことは容易だろう。なぜなら、その先生が語っていることを面白いと感じることができるからだ。

私も教師という立場上、毎日何十人という学生を見ている。そこで言えるのは、自分の教えていることに本当によく反応してくれる学生がいるということだ。それは実によくわかる。その学生の志というものが、自然にこちらに伝わってくるから不思議だ「お、この学生は……」と、思わず相好を崩すことになってしまう。

そこから、一生の人間関係が続くことにもなるのである。

私自身、こんなことがあった。。私は将来、大学の教員になりたいと熱望していたのだが、大学三年生になった時、今は亡き神藤克彦先生の教職課程の授業に強く興味を引かれ、先生の人柄にも強く反応した。「将来、私も大学の先生を目指しています」というようなことを言ったのだろう。すると、先生は幸田露伴の『努力論』（『人生、報われる生き方』のタイトルで渡部編述、三笠書房）を読みなさいとすすめる。

それに私は即座に反応した。古書店で『努力論』を捜し当てて、それをむさぼり読む。そして、次に会った時に、その内容を話題にした。先生はたいへん喜んでくれ、今度は『修省論』（『得する生き方、損する生き方』のタイトルで渡部編述、三笠書房）をくださった。そんなことから、長く関係が続き、それがどれだけ私の人生の支えとなり、喜びとなったかは計り知れない。

先生はそのころ、大学のキャンパスの中に住んでおられたから、毎週一、二度はお伺いした。そして幸田露伴を読むこと、特に『努力論』や『修省論』を読むことを教えられ、その線から、山路愛山（やまじあいざん）や三宅雪嶺（せつれい）を読むことも覚えた。これに中学・高校以来の佐藤順太先生の影響が加わって、徳富蘇峰（そほう）の『近世日本国民史』や『杜甫と彌耳敦（ミルトン）』なども読むようになった。

これだという先生に巡り会ったなら、ゴマをするとか、お世辞を言ったりするのではなく、真摯（しんし）に向き合い、それこそ教えを請う、という姿勢で臨むことである。もちろん、感謝の念や感謝の言葉を忘れない。そこから、必ず「よい人間関係」が生まれるのではないだろうか。

〝感謝する心〟はすべての人間をハッピーにする

ところで、よい人間関係は人生の大きな果実である。その人間関係を豊かにするには、まず「感謝の心」を持つことである。そして、その感謝の念を向ける相手として、まず両親に対する思いやりという心を大切にしなければならないと私は考える。

私の友人で、Nさんという経営者がいる。彼は非常に苦労をされて、今や年間二千億円の売り上げを誇るまでに会社を発展させた。彼は、社則で決めていることがある。それは、新入社員は、最初の給料で必ず両親に何かプレゼントをする、というものだ。

「二十何年間育ててくれてありがとう」という感謝の気持ちを、初任給から何か形にして両親に贈りなさい、ということだろう。

親などというのは、子供がかわいいから育てているようなものである。感謝されるために育てたのではないけれど、「お父さん、お母さん、ありがとう」と言われれば、涙が出るほどうれしいものだ。

そうした感謝の気持ちを素直に表現することで、親子関係はどれだけ変わるかわからない。おそらくN社長は、人間関係の基本、それも「よい人間関係」をつくることの本質を、両親に対する感謝ということで、新入社員に教えたかったのではないだろうか。

両親でさえ、子供に「ありがとう」と言われれば、これほどうれしいものはない。いわんや他人同士であればどうか。

例えば、先生にしてみれば、一生懸命に教えてはいるけれど、学生から感謝されることなどまったく期待していない。それが、強い興味と関心を示してくれ、「もっとお話をお聞きしたい」などと言われれば、これほど教師冥利に尽きることはないだろう。そこから、人生をより豊かにする「よい人間関係」が生まれるものなのである。

もちろん、ビジネスマンという立場であっても、そうした関係を築くことは可能だ。例えば、何かの講演やセミナーで、その講師の語りに深い感銘を受けたとする。もっとその講師の世界を知りたいと思ったならば、それをただの感銘だけにとどまらせないことである。

感激を手紙にしたため、直接会ってみることもいいだろう。心ある人間ならば、自分を高く評価してくれる相手を無視するはずがない。会ってくれるかも知れない。そこから、新しい人間関係が生まれるかも知れない。会うたびに何かしら新鮮な発見をし、自分の人生を大きく変えるエネルギーを与えてくれるかも知れない。

私も若いころ、小泉信三先生の『文藝春秋』の巻頭随筆に感激して手紙をさし上げたら、御自筆の葉書の返事をいただいたことがあった。お目にかかったことはないが、今でも先生の本を時々出して読み、心の師として敬仰(けいぎょう)している。

その他にも、依頼した仕事を部下が遅滞なく終えたのなら、素直に「ありがとう」と感謝する。上司に有益なアドバイスを受けたら心からありがたく思う。当然のことかもしれないが、その一言が人間関係を大きく変える。「感謝の心」を忘れてはいけないのである。

そして感謝は一つの心的態度であり、クセになるものである。これほど人をも自分をも幸福にするクセはないであろう。

大人の友人関係にはこんな「緊張感」が必要

恩師との人間関係をつらつらと書いてきたが、しかし、「よい人間関係」は、何も師と仰ぐ人とだけではない。

よく人間には、三人の〝刎頸(ふんけい)の友〟が必要といわれる。師と仰ぐ人、同じレベルの人、自分より下位の人――この三人の〝刎頸の友〟を得て、はじめて人間関係を豊かなものにすることができるのではないだろうか。

師と仰ぐ人との関係は、もうおわかりいただけたろう。では、同じレベルの人との関係はどうだろうか。これは、いわゆる友人やライバルとの関係に置き換えることができる。友人の場合、先生とは異なり、もっと自由に選ぶことができる。

かつての学生の愛唱歌「人を恋うる歌」（与謝野鉄幹作詞、作曲者不詳）にこんな文句がある。

妻をめとらば才たけて　みめうるわしく情けある
友を選ばば書を読みて　六分の侠気（きょうき）　四分の熱

まさに、友人との「あらまほしき関係」を言い当てているように思う。

ただし、友人は自由に選ぶことができるが、逆に相手も友人を選んでいるわけである。だから、お互いに切磋琢磨（せっさたくま）できる部分がないと関係は長く続かないのが普通である。

私の場合、友人というのは、やはり自分よりも優れているところがある人物である。また、人生についての常識が富んでいる人である。逆に、私自身、相手に「これは」というものを与えることがなければいけないと思う。すべてとは言わないが、特に大人の友人関係には、そういった「教え、教えられる」という緊張感がなければならないように思う。

ところでP・G・ハマトン（一八三四～一八九四年）は、名著『知的生活』（渡部・下谷訳、三笠書房）の中でこんなことを言っている。

「何と言っても知的生活で一番すばらしいことは、すべての教養ある人々が――たまたま不幸な出来事に見舞われ、気むずかしくなっていなければ――自分の努力の成果を喜んで他人に教えあうということです。そうすることによって自分の知識を失うというようなことはないわけですから。

しかし、それでも他人に何かを教えるということは、自分が相対的に優（まさ）っていたあるものを投げ出すということであり、またしばしば知的な人間にとって何より貴重なもの、すなわち時間を進んで犠牲にすることになります。このことにお気づきになれば、進んで他人にものを教えようとするこの心の広さは、高い教養を身につけた人間たちの最もすばらしい特徴であることがおわかりになっていただけると思います。

あらゆる知的友情の中でも、経験豊かな老人と、科学あるいは文学や絵画に秀でた若者との友情ほどすばらしいものはありません」

ハマトンが何を言おうとしているか、おわかりだろうか。ハマトンは、「知的友情」こそ自分を高める最高の人間関係である、と言っているのは確かであろう。

嫉妬心を〝向上心〟にまで高め合えるライバルがいるか

友人関係に続いてライバルの存在について考えてみたい。ライバルというものは、その存在がなければ、よい気分になれるものらしい。それは、誰しもが感じる自然な感情と言えそうである。

そうした感情は学問だけでなく、仕事などにおいても共通しているが、そこで問題とすべきは、その感情が単なる嫉妬心に終わるのか、あるいは自己を高める競争心にまで昇華できるのかという点である。仮に、それが単なる嫉妬心に過ぎず、しかもそれからいつまでも脱却できないとなれば、よい結果がもたらされないのは言うまでもない。

反対に、いい意味での競争心というのは、お互いが相手の優れた点に学んで、自己を磨き、高めるチャンスになる。例えば、ある時期に続々と優秀な人材が輩出されることがある。これはそのグループの中に、よきライバル関係があって、一人ひとりの競争心や克己心を刺激しあって、それぞれが啓発されるからである。

小さな例を挙げよう。私は大学でいくつかのクラスを受け持っているが、あるクラスでは学生の質問が少なく、学生の受講態度も心なしか消極的で、授業の雰囲気も沈滞している。

だが、別のクラスでは、同じ学科なのに頻繁に質問する学生が一人いて、彼に刺激されてほかの学生も我も我もと質問をするようになる。結果として、クラス全体に活気があふれ、講義の内容が全体にレベルアップする。そして、お互いが尊敬しあって競争する。これは、プラスのライバル関係である。私の経験では、昔の講義やゼミのほうがこうした雰囲気が多かったように思う。

ところが、現代ではこうしたよきライバル関係はなかなか生まれにくいらしいのである。

師でもライバルでも〝発見する〟のは自分

自分より優れた人間に後れを取った場合、まず嫉妬心が先に立ち、相手の失敗を願うようなことになりかねない。こんな嫉妬心は、結局は自他共にマイナスである。そんな時、いかに自己の向上にプラスになるように気分を切り替えるか、という心術を工夫する必要があるだろう。

例えば、勉学でライバル関係にあったとする。このライバル関係をプラスに生かすことを考えてみよう。まず第一に、ライバルのことは頭からはずす。そして、講義で教わることは何から何まで徹底的にマスターし、学期の終わるころにはその科目については教師と対等か、もしくはそれ以上の知識を身につけ、一科目残らず満点を取ることを目指す。そして試験になった時に、どのような問題でも正確に答えられるようにする。

これならライバルの失敗を期待するようなマイナスの姿勢を超越することができ、自らのペースで道を拓くことが可能である。これは仕事でもまったく同じことが言える。

私の場合も、競争相手の不幸を願わないですむように、そうした考え方に基づいて大学生のころはひたすら自己の修養に努めたと思う。まったく成功したわけではないが、ライバルを嫉妬するよりは、よい刺激として受けとめるほうに努力していたことは確かである。そしてこの姿勢は、今日においても、私自身における学問や生き方の指針として大切にしている。

あの気むずかしい漱石を父のように門下生が慕った理由

それでは次に自分よりも下位にある人たち、例えば、〝教え子〟たちとの関係について考えてみよう。私は、教え子でもある大学院の学生たちと食事をしながら、話をする機会をできるだけ多くつくるようにしている。私自身、学生のころに教師とよくお付き合いさせていただいた。その〝お返し〟をしているというわけだ。

そうした場では、学生たちと率直に、フランクに話をする。学生たちと裸の付き合いをするのである。一緒にビールを飲み、食事をし、そして時にはカラオケをやりながら教室ではなかなか言えないことを話し合う。

プライベートなレベルで学生たちと付き合うことで、教え・教えられるという人間関係が自然につくられる。とりわけ、学究的な大学院の学生たちだから、よく勉強もしている。しかも、若い感性の持ち主だから、「なるほどなあ」と考えさせられることもずいぶんある。

一方的に教えるだけという関係ではなく、学生たちに溶け込むことで、何かしら刺激を受けるものなのである。それが、私自身の人生をより豊潤なものにしてくれる。若い人たちの感性を重んじるという精神的な寛容さも必要なのではないだろうか。

こうした師と弟子の関係については、孔子とその弟子、釈迦とその弟子など歴史上、数多いが、夏目漱石と門下生の関係は、よく引き合いに出される話ではある。漱石は、門下生に対して理想的な先生ではなかったかと思う。その漱石と門下生の関係については、夫人が綴った『漱石の思い出』（夏目鏡子、松岡譲筆録、文春文庫）という書の中に詳しく描かれている。

そうした書物などから総合すると、漱石は、やはり人間が限りなく好きだったのではないかと思う。特に若い人を大事にし、門下生が大成していくことを心から望んでいたに違いない。例えば朝日新聞という書く舞台を門下生に積極的に与えたりした。門下生の成長を見ること。それが漱石の生きがいでもあったのだろう。

漱石は、門下生を持つことで結果として人間関係を広げることに成功したとも言える。門下生には、漱石山脈と言われるほど、森田草平、鈴木三重吉、寺田寅彦（とらひこ）、内田百閒（ひゃっけん）ら多くの著名作家がいるが、漱石の門下生への思い入れは、多くの作家の中でも傑出していたのではないか。『漱石の思い出』の中にこんな一文がある。

「面会日をつくらなければのべつ幕なしに訪問客があって、自分の仕事がおちおちできないとこぼすぐらい言わば世間的にもなりまた有名にもなってきました」

そこで、漱石は、面会日を木曜日として訪問客を受け入れることにした。いつしかこれを木曜会と呼ぶようになった。漱石の死後も、門下生は木曜日に漱石の遺室に集まり、談笑を重ね、漱石を偲（しの）んだという。門下生も、人としての温かい感情を持っている。門下生といえども、漱石は彼らと豊かな人間関係を築いてきた。その結果でもあるのだろう。

現代においても、よき師弟の関係は、数え上げれば枚挙にいとまがない。例えば、かつて東京大学仏文科の教授であった辰野隆（ゆたか）とその弟子たちがいる。その中には小林秀雄や渡辺一夫、今日出海（こんひでみ）、三好達治、中村光夫といった、錚々（そうそう）たる人材が育っている。辰野隆は教室の講義が上手だったため、よい弟子が出た、というわけではなさそうである。逆に、講義にはあまり出なかった「いい弟子」も少なくなかったようだ。

このような「師」と弟子の間では、学問や知識といった限られた分野の交流だけでなく、全人的なつながりがあったのではなかろうか。

仕事上の人間関係はまず〝ミューチュアリ・ベネフィシャル〟でいく

では、仕事上の「よい人間関係」とはどのようなものだろうか。お互いの信頼感という点では、何も仕事上という前提をつける必要などないが、あえて仕事上では、やはり「お互いが得をする」という関係がベストであろう。

英語式に言えば、ミューチュアル・トラスト（相互信頼 = mutual trust）があって、さらにミューチュアリ・ベネフィシャル（相互有益な = mutually beneficial）という関係になる。これが、何と言っても基本になる。付き合っていて、いつも損をするのでは、いくら相互信頼関係があったとしても、長続きするはずがない。

しかし、ミューチュアル・トラストの関係はつくれても、ミューチュアリ・ベネフィシャルの関係を確立するのは、並大抵のことではない。相手に利益をもたらす、というのは誰にでもできることではないからだ。その意味では、自分自身の能力を高めることが欠かせない。

つまり、「俺と付き合っていれば、必ずお前も得をするぞ」と言えるだけの力を持つという努力。そうすれば、相手も「こいつと付き合っていれば、何かいいことあるぞ」と、信頼感を抱いてくれるものだ。もちろん、一方的に利益を得るだけでは関係が長続きするはずがないから、相手にも何かを与えようと努力する。

ミューチュアリ・ベネフィシャルは、結局、功利主義的ではあるが、極めて深く人間性の本質に根ざすものなのである。そして、仕事上の「よい関係」は、それに尽きるのではないだろうか。

またミューチュアリ・ベネフィシャルな関係は、民族を越え、国境を越える。そう言っても過言ではない。

例えば、シンガポールの華僑は、一般論として反日的と言われている。しかし、彼ら華僑とビジネス上のパートナーとなっている日本企業を見ると、それこそフレンドリーな関係を維持しているものだ。もちろん、日本側の一方的な利益ではなく、彼ら華僑に対する利益を重視したパートナーでなければならないが……。

日本には輸出型の中小企業も数多い。そうした企業をよく観察してみると、なかには意外な国と輸出関係にある中小企業も存在する。それが、あまり名前も知られていないような小さな国だったりする。

なぜ、輸出関係を維持できるのか。

そこには、やはり意外な一面がある。夏休みに、お互いの企業の経営者の子供たちをホームステイさせるなどといった、あまり表面には出てこない地道な努力などをしているのである。これも、立派なミューチュアリ・ベネフィシャルの関係と言える。

おそらく、経営者は子供たちの関係を抜きにビジネスは成り立たない、と覚悟を決めているのだろう。ミューチュアリ・ベネフィシャルとは何か、その真髄を理解している経営者ではないか。家族としてお互いの関係を重視しているという姿勢をまざまざと示してくれる。口では表現できない、真の豊かさを感じさせてくれる。

もしアメリカの大財閥と家族付き合いをし、子供たちをホームステイさせあうような家族が日本に何軒もあれば、それは日米関係をもよくするはずである。しかし私の知る限り、日本の税制のため、それができる日本の家庭はなきにひとしい。

大企業の社長といえども、欧米の大金持ちから見れば、番頭か手代にしか見えないだろうから。

「自分の世界」以外の世界からしみじみ教えられるもの

ところで、私の学生時代の友人に、ある中小企業のオーナー経営者がいる。彼には何かにつけて教えられることが多く、話のネタとして使わせていただいている。

彼から、こんなことを聞いたことがある。

「ウチも大企業との取引きをしているのだが、大企業には確かに、一流の大学を出た優秀な人間がいる。しかし、彼らが独立して事業を興しても、なかなか部下が育たず、苦労するケースが多いようだ。それは、大企業の社員は、その会社に対する忠誠・忠義があるのであって、上役に対する忠誠・忠義ではないからだ。上司の言うことを聞いたとしても、それは会社に対する忠誠に過ぎない。

しかも、大企業というブランドに埋もれ、人間性に磨きをかけることをしなかったような人間であれば、人望は乏しいであろう。だから、独立しても社員の気持ちをまとめることができず、成功することがむずかしいのだ。

その点、中小企業は、それこそ吹けば飛ぶような存在にしか過ぎないから、社員の忠誠・忠義は、経営者に向かざるを得ないわけだ。私の会社など、まさに中小企業だから、社員からこの経営者となら一緒に貧乏になってもいい、というくらいに信頼感を植えつけなければならない」

もちろん大企業の社員が、すべて人間性に欠けるなどと言うつもりはまったくないが、やはり大企業という名のブランドに溺(おぼ)れ、人と人との本当の信用・信頼感を生み出す努力を忘れる人が少なくないのは否めないだろう。

こうした実業界の一端は、私のような世界にいてはとてもわからないことだ。住む世界が異なると、教えられることは実に多い。なるべく世界が異なる人と「よい人間関係」をつくれば、それだけ視野を広げることができ、人生を豊かにしてくれる。心底そう思うのだ。

人間関係に上下ができる遊び方はしない

教え・教えられるという「学ぶ人間関係」や「仕事上での人間関係」については、すでに十分に触れてきた。ここでは、主に「遊ぶ人間関係」について見ていくことにしよう。

シビアな話になるが、お互いの経済レベルが同じ水準にないと、「遊ぶ人間関係」は成り立たないのではないだろうか。若いころであればまだしも、齢を取ってくるに従い、お互いの経済水準が「遊ぶ人間関係」を左右する。なぜなら、中年以後の遊ぶ関係には、お金を必要とするからである。一方が裕福であり、もう一方が余裕のない生活をしているのなら、およそ「遊ぶ人間関係」を成立させるのはむずかしい。

ゴルフや海外旅行などの遊びを共有しようとすれば、どうしてもお金がかかってしまう。ヒッチハイクの貧乏旅行をしようというならいざ知らず、およそ中年を過ぎると遊びにはお金が必要になるものである。だから、使えるお金の水準が、友人のレベルを決める、と言っても多くの場合、過言ではない。

もっとも、「遊ぶ人間関係」についてはこんなエピソードもある。

千葉市郊外の豪邸街にO氏という著名作家がいた。もう故人だが、O氏はゴルフ好きで、千葉にある名門ゴルフコースでよくプレーをしていた。ゴルフには、外車で、しかもお抱えの運転手つきという優雅さだった。

このO氏の無二の親友に、作家でN氏という方がいた。N氏は、O氏ほど裕福ではない。同じ千葉県に住んでいるのだが、O氏からゴルフの誘いがあると、必ず電車を利用した。普通だったら、お抱え運転手つきのO氏の車に同乗させてもらうだろう。

しかし、O氏はそれをしなかった。また、N氏も同乗することをよしとしなかった。お互い乗することで、「人間関係に上下関係ができてしまう」ことを恐れてのことだった。同じの経済水準は違っていても、二人は「知的友情」という関係を大切にしていたのである。

お互いの経済水準が違っていても、「遊ぶ人間関係」は維持することができるという好例ではないだろうか。しかし、それは例外的と言わざるを得ない。一方が作家とか学者であれば、そういうことも成り立ち得るということであろう。

3

「考える力」が必然的につく読書法

一口に読書と言っても、何のためにその本を読むのかはさまざまである。娯楽が目的であったり、また知識やノウハウの吸収を求めたり、あるいは心の糧とするためだったりする。

ニューメディアの登場で、読書のあり方も大きく変化しているようである。しかし、その目的のいかんを問わず、自己を磨き、心の渇きを癒してくれる効用に関しては、読書はいささかも魅力を失っていない。

人間の魅力に直結している〝発想の乱反射〟

昔も今も、洋の東西を問わず、ひとかどの人物は、注意深く読書する習慣を大切にしているようである。

前述したように、「読書は充実した人間をつくり、会話は機転のきく人間をつくり、書くことは正確な人間をつくる」とフランシス・ベーコンは指摘している。これは読書が知識を集積することだけでなく、人物の懐を深める作用も持っていることを示唆しているのである。

一般的に本をたくさん読んでいる人は、話を聞いていても面白い。一つの話をするにしても語彙が豊富なばかりでなく、比喩表現が巧みで、聞いていて飽きないし、想像力を刺激してくれる。

それから、読書というのは物事について、さまざまなアングルから多彩な理解を試みる手助けをしてくれるわけで、これは仕事にとっても有益である。こうしたことは、「発想の乱反射」とでも言うべきものである。

そして「乱反射的な発想」は、通常の仕事に直接的に役立つことはないが、その代わり人間としての魅力や機知を磨く上では抜群の効力を発揮する。会話の仕方にしても、企画書などの文書の書き方にしても、一味も二味も違いが表われて、自分という人物の評価を高めることができるであろう。

すなわち、巡り巡って仕事の幅を広げてくれるのである。農業を営む人たちが作物を育むように、独自の認識や発想の芽、それにゆったりとした大らかな心を育んでくれるのである。

情報氾濫の時代だからこそ〝グルメな読書〟を

現代では、インターネットやパソコン通信その他のさまざまな通信手段が発達し、知識や情報を獲得する手段は、多様化している。

しかし、知識や情報の入手はきわめて簡単になったが、問題はそれが自分にとって価値があるかどうかを見極められるのかということである。膨大な量の情報の中から、自分が本当に必要とする知識や情報を発見する作業は、たいへんな手間と時間を必要とする。せわしない日々の生活の中で、それを実行するのはむずかしいことだし、あまり効率的とは言えない。その点では、やはり伝統的な読書には捨て難いものがあると私は考える。

しかも、読書は単なる知識や情報の獲得だけではなく、心の糧を得るための手段として、その輝きを失ってはいない。自分の生き方を発見し、それをつかみ取り、深めていくために欠かせないのが読書である。

では、読書の的確な方法とは何だろうか。それは、自分の境遇に率直に従った読書を心がけることである。自分の中に知的、精神的欲求がないうちは、いかなる名著をひもといても何も蓄積されない。逆に、もしその欲求があれば、何を読んでも心の滋養になるであろう。

もちろん、読む本は必ずしも古典や名著と言われるものに限る必要はない。漫画でも童話でも、名著に劣らない価値を持っているものもある。

たとえてみれば、料理をおいしく食べるのと同じである。いくらメニューが豪華であっても、〝食〟への欲求がなければ、つまり空腹でなければ、おいしくは食べられない。食べたい時に、食べたい料理を賞味することが大切なのである。

それから、いつもまずいものばかりを食べていると、うまいものの味がわからなくなる。逆に言えば、一度おいしい料理を口にすると、何がまずいのかもわかるものである。これはかなりシビアな原則で、そのまま読書にも当てはまる。私は、つねに〝グルメな読書〟をする心がけを持つことをおすすめしたい。

ベストセラーの〝切り口〟には時代の気分が読める

グルメな読書に関連して、気になる問題が一つある。それは本選びの目安をどこに置いたらよいかという点である。

例えば、ベストセラーを読むかどうかという問題について考えてみよう。まず一つ言えることは、その本について何らかの興味を抱いたのならばよいが、たいして関心もないのに、みんなが読んでいるからそれにつられて読む、といった姿勢は好ましくない、ということだ。また、ベストセラーだからという理由でその本を一段低いものと見なし、手に取るのを避けるのも愚かである。なかにはインテリぶってそういう本を一段低く見なす人もいるが、そんな人に会うたびに、私は母から聞かされた言葉を思い出す。

「ただのバカはいいが、学問のあるバカは困る」

問題は自分の関心をそそるものがそこにありそうかどうか、というカンみたいなものが働くか否かである。

一方、尊敬する人がいい本だとすすめてくれるから読むという方法もある。これは悪い読書法ではない。逆に、自分が人に本を推薦する場合には、その本を熟読して感動していないのならば、不誠実である。「話題の本だから読んだほうがいいよ」といった推薦の仕方は感心できないのは言うまでもない。

だからと言って、私は、ベストセラーについて否定的なわけではない。むしろその価値を認めているのである。ベストセラーに関して、私は、それが特殊なものではない限り読むことにしている。

特殊なものというのは、特定の宗教団体の教祖が書いたものや、タレントのスキャンダルを暴露したものなどがその典型である。それはいくら売れていると言っても、中身が見えすいていると思うからである。そうしたもの以外の話題の本には、必ず切り口のどこかに冴えがあるものである。

こういった話題の本は、実際に書店で手に取って目次やはじめの部分を読んだりして、それがなぜベストセラーになるのか、その秘密を探り、考えるだけでも楽しいものである。何が読者の心をキャッチしたのか、それらのことにいろいろと思いを巡らすと、果てしなく想像の翼が広がる。

それから、ベストセラーに関して、私は面白い個人的体験をした。学徒動員の日々を過ごした戦争中のことだが、空を舞う米軍の戦闘機の爆音の下で、布団をかぶりながら、当時ベストセラーだった野村胡堂（こどう）の『銭形平次捕物控』（光文社）を読みふけったものだった。それはそれは甘美なひとときだった。

その後、今から三十年ほど前に岡本綺堂（きどう）の『半七捕物帳』（筑摩書房）を全巻読んだ。最初のうち、私は綺堂のこの本を、それほど面白いとは感じなかった。しかし、どこか心に残るところがあったことを記憶している。しかし『半七』を読んでからは、『銭形』を読み返すことができないことに気づいた。

さらに最近になって、平岩弓枝の『はやぶさ新八御用帳』（講談社）を読んだ。たいへん面白く感じたのだが、それに刺激されたからか昨年の夏になって、かつて愛読した『半七捕物帳』をまた読んでみたくなった。それは何度目かの読み返しである。

そして、読み返してみて、私は驚いた。というのは、当時ベストセラーであった『半七捕物帳』の、時を経ても色あせない面白さを再発見したからである。言わば、現在のベストセラーでもいつかは古典になる日が来るかも知れない、ということを知ったということであろうか。

古典を楽しむコツはこんなところにある

さて、ベストセラーの対極にあるかのような古典について次に考えてみよう。古典というものには、長い歳月の中で多くの人に読み継がれ、磨かれてきた風格というものがある。

私が中学時代のころ、国語の先生が『奥の細道』を通読してくれた。この作品は日本の近世文学の頂点を極めたものだと評価されているが、芭蕉作品の現物を「解説」でなく「生」で読むという試みは、私の読書のレベルを非常に向上させてくれたように思う。これは当人にとって一生の宝となる。同様のことが、『古事記』や『万葉集』、また『平家物語』そして『徒然草』などにも当てはまる。

ややもすれば古典は、仮に買ったとしても書棚の飾りに終わることが多いものである。これこそ宝の持ち腐れというものだ。おいしい料理を目の前にして、食わず嫌いではもったいない。好物のトンカツもいいが、一方で美味なる懐石料理も味わい、認識の幅を広げ、多様な価値観を学ぶ機会を持つことが重要である。

この点から考えると、古典はたとえ嫌がられても、学校教育でしっかりと手抜きをせずに教える必要があると思う。それに古典は、言葉遣いが現在と異なるケースが多いから、独学がむずかしい。やはり、よい先生の助けが必要である。

また、古典はそれが書かれた時代における英知の結晶であるが、多様な解釈が可能である。簡単に理解できないことも多い。蘊蓄（うんちく）にも富んでいる。しかし、読書した時点では、実利的効果が期待できないかもしれない。けれども、年月を重ねるにつれて、必ず思い返したり、感心し直したりすることがあるだろう。そして、ふと引用して感心されたりする。古典の醍醐味（だいごみ）は、まさにそこにあるのである。

現代の日本人を見ると、文化概念としての民族性が薄くなりすぎていないか、という危惧の念を抱く。つまり、親や先祖の文化としての古典とのコミュニケーションが甚だ希薄になっているように思われてならない。ビスマルク統一以前のドイツは三十以上もの小邦に分裂していたが、「ゲーテの文学を自分の文学と感じる人間」というドイツ民族としてのアイデンティティーは持っていた。

そうしたことを考えるにつけても、日本人として、記紀歌謡、『万葉集』から始まり、『源氏物語』、『平家物語』、西行、芭蕉、漱石などのエッセンスを共有するべく努力することは、非常に意義深いことであると私は考えるのである。

「一知半解（いっちはんかい）」という言葉がある。なまはんかな知識という意味だ。特に自分にとって「これは」という古典の作品を読む場合、こうした態度、つまり表面だけをさらっと流して、「読んだ」とすることは望ましくない。多少面倒でも書かれている文章を正確に理解し、最初から最後まで読み通す姿勢が欲しいと思う。その上で、独自の解釈を考え出すほうが、より深い認識を得ることができる。同時に人格も磨かれるというものだ。

もちろんページを斜め読みしたり、拾い読みする方法もある。しかし、これは読書に熟達してから試みるべきだろう。読書においては、原則として「一を聞いて十を知る」という天才芸は禁物だと考えておくほうがいい。

古典は〝パシュネット・フュー〟に支えられてきた

ところで、古典を古典たらしめるものは何だろうか。

二十世紀イギリス最大の小説家と言われるアーノルド・ベネットは、「ア・パシュネット・ヒュー、つまり、熱情的な少数の読者をつかんだ本が古典になる」と指摘している。絶えず、その本について語り、それがいい本だと繰り返すような少数の熱情的な読者を獲得することに成功した本、そうした本が古典として残るというのである。

たとえ、十年前の大ベストセラーであっても、このパシュネット・ヒューがいなければ、すぐ忘れられてしまう、とまで言っている。つまり、今世界に残っている古典は結局、パシュネット・ヒューの存在を抜きには考えられないのである。

また、古典には時間と空間の距離をものともしないという特徴がある。したがって、時間と空間の距離が離れてはじめて価値がわかるというようにも言えるだろう。そうした古典には楽しめる要素がある。例えば、夏目漱石は当時も人気のある作家だったが、今でも十分に楽しめる。時間がたち、空間が離れても楽しく読める。だからこそ、古典と呼ぶに値する。

P・G・ハマトンは、イギリスでは完全に忘れられた作家だったが、日本にパシュネット・ヒューがいたために見直された。彼の言っていることは、現代の我々を魅了してやまない。『自助論』を著したイギリスのサミュエル・スマイルズも、パシュネット・ヒューは日本人だった。それが、イギリス本国ではなくこの日本でスマイルズの新訳を発行する源泉にもなるわけだ。そしてハマトンにしろスマイルズにしろ、日本で再発見されてから向こうでも再発見されたと言ってよかろう。後述するヒルティの再発見も日本からスイスに行くことであろう。

やはり、古典は時間と空間が離れたところであっても、その価値が認められるのである。その時の時代背景といったものなどに関係なく、価値があるからではないだろうか。だから、永劫不変にいつの時代の読者にも感銘を与える。それが、古典の古典たる所以でもある。

イギリスの哲学者ベーコンは、「ある本はその味を試み、ある本は呑み込み、少数のある本はよく噛んで消化すべきである」と言っている。この、よく噛んで消化すべき少数の本に巡り会うことが知的生活に欠かせないのは言うまでもない。それには昔から読まれてきた古典は、うってつけだ。長い年数をかけて読み続けられてきただけに、噛むだけの価値が十分にあると言えるのだ。

もっとも、別にそういった古典にばかり目を向ける必要もない。何回も繰り返して読み、その繰り返しがその人にとって長期間続けられているような本なら、それはその人自身の古典と言ってもいいだろう。今生きている人々の記憶からほとんど消えてしまった本であっても、どこか面白いところがあり、愛読しているというのであれば、それは自分の古典と言っていい。そうした自分にとって十分に価値のある本に巡り会えることは、人生の大きな幸福でもある。

今、自分にとっての古典がないというなら、まず二、三年前に読んで面白かったと思うものを片っ端から読み直してみるといいだろう。そして何冊かを読み直して、面白かったら残しておき、また来年か再来年に読み返してみる。そういうことを続けていけば、自分なりの古典ができ、いつの間にか意義深い知的生活を享受できるようになるのではないだろうか。

生き方の〝襟〟を正してくれる古典

自分の古典を持つ人は、豊かな人間観を合わせ持っているものだ。それは「人間の器・深み」を形成してくれる貴重な〝バイブル〟でもある。スマイルズは『自助論』の中で、人間の器量についてこう言っている。

「立派な人格――それは人生の最も気高い宝である。人格はそれ自体が優れた身分であり、世間の信用を勝ち取れる財産だ。社会的な地位がどうであれ、立派な人格者はそれだけで尊敬を受ける。

人格の力は富よりも強い。人格者があらゆる栄誉を手中に収めても、金持ちのように他人からその名声をねたまれたりはしない。また、優れた人格は絶大な影響力を持っている。なぜなら、そのような人格は何よりも人々に信頼され尊ばれる資質――すなわち信義、誠実、そして節操という美徳から生まれるからだ。

立派な人格は人間の最良の特性である。人格者は社会の良心であり、同時に国家の原動力となる。世界を支配するのは高いモラルにほかならない」

「立派な人格者はそれだけで尊敬を受ける」ことは間違いない。しかし、人格者になることがどれだけむずかしいことか。

だが、スマイルズは、「人は誰でも、優れた人格を得ることを人生最大の目的とすべきである。正しい手段でそれを得ようと努力すれば、ますます生きる力がみなぎり、人生観も揺るぎないものとなるだろう」と言っている。人格者となるため、人生に高い目標を持つことは、それだけで自分自身の誇りとなるはずだ。

スマイルズはさらに、「真の人格者」としての条件を挙げている。それは、①最高の模範的性格を持つ人間である、②服装や生活様式や態度ではなく、道徳的価値によって決まる、③自尊心に厚く、何よりも自らの品性に重きを置く、④自分を尊ぶのと同じ理由で他の人々をも敬う、⑤名誉を重んじる心が強く、卑劣な行動を取らないようにいつも気を配っている、などといったものだ。

そして、こうも語っている。

「富や地位は、立派な人格とは何ら関係がない。いくら貧しい人間でも真の人格者の心を備えているかもしれない。毎日を金に追われて暮らしても、優れた人柄は保ち続けられる。誠実と礼節を忘れず、節度と勇気を持ち、自尊心と自助の精神にのっとって生きる人は、貧富のいかんを問わず真の人格者なのだ。貧しくとも心豊かな人は、心貧しい金持ちよりもあらゆる面で優れている」

少なくとも自分の古典を持って、こうした言葉で自分をいましめている人は、人間的な深みのある人格者に近づいていると言えないだろうか。そういう意味で、スマイルズは私の生き方の襟を正してくれる古典である。

自分だけの〝ヒントの泉〟を持つ喜び

スマイルズとともに、私が古典として愛読している代表的な著書は、ハマトンの『知的生活』である。

ハマトンと私の最初の出会いは、大学四年になる時の春休みだった。単に精読しただけでなく、部分的には、一語一句が絶えず復元できるところまで原文を、その日本語の訳文を見ながら覚え込んだものである。こうして読んだ作家は、日本語でも外国語でもほかにはない。

だから、ハマトンは私にとっては特別の人なのである。ハマトンの著作からは自分自身の生活の指針が得られ、読めば読むほど教えられるところがある。私にとっては、欠かすことのできない古典であり、〝ヒントの泉〟と言ってもいい。

『論語』も古典中の古典である。これは、言うまでもなく孔子の没後、門弟などが、孔子と弟子などとの問答、弟子たち同士の問答、孔子の性行などを収録した書である。国際的な古典と言ってもいいだろう。

『論語』は、人間社会をどう生きたらよいかという洞察に満ちており、今さらながら究極の人生論であるとの印象を強くした。例えば、次のような言葉がある。

子曰く、人にして信なくんば　其の可なるを知らざるなり。大車に輗（げい）なく、小車に軏（げつ）なくんば、それ何を以てこれを行（や）らんや。

（人間がもし信用をなくせば、どこにも使いみちがなくなる。馬車に轅（ながえ）がなく、大八車に梶棒（かじぼう）がないようなもので、引っ張って行きようがない）

世間から信用されなければ、いかなる行動も効果がない。「信」は自己を生かすために必要不可欠なものであり、社会生活の心棒になっていると言っても過言ではない。それを的確に指摘している。

子夏曰く、博く学んで篤く志し、切に問いて近く思う。仁、其の中に在り。
(博く学んで熱心に理想を追い、切実な疑問をとらえて自身のこととして思索をこらす。学問の目的とする仁は、その中から自然に現われてくる)

常に問題意識を持って一生懸命に勉強しろということにほかならない。「人生は持続力が大切だ」と教えているのであり、学問の大道でもある。

その人に愛読書としての古典があるかどうか。それがある人とない人、また古典的なものを読んでいる人と、読んでいない人とでは、やはりどこか違う。人間としての深みが、どこか違うように感じられるのだ。

古典は人と人の結びつきを深め、親近感をもたらしてくれるという意味でも価値がある。私自身、こんな体験をした。

もう亡くなられたが、早稲田大学の教授をしていたアメリカ人のピーター・ピーターソンという方がいた。ある時、彼の自宅を訪問する機会に恵まれた。その書斎を何気なく眺めていたら、何とハマトンの著作があるではないか。アメリカ人でありながら、イギリスの古典とも言うべきハマトンの著作がある。これには驚かされた。

彼が語るには、「毎朝、大学へ行く前に静かに読んでいる」とのことだった。私自身もハマトンの著作が愛読書であることを告げると、彼も驚きを隠さなかった。「おお、何という偶然か」と。これで、彼との距離が一気に縮まったのは言うまでもない。親近感がぐっと高まったものだ。

共に共通の愛読書を持てば、精神の基盤さえ共有できる。しかも、人間関係において、お互いを隔てている壁を取り払うこともできるだろう。これは、私自身の卑近な例ではあるが、愛読書としての古典を持つことの効用と言えないだろうか。

「読むべき本百点」よりも面白くて意外性のある本

「古典」というと、何か高級な印象を受ける方も多いことだろう。私が大学一年の時、ある老齢の大先生が「君たち大いに読書をしたまえ」と言って、私たちに「読むべき本百点」のリストを渡してくれた。そのリストには、カントの『純粋理性批判』、ダーウィンの『種の起源』、アリストテレスの『形而上学』、プラトンの『饗宴』……などと、学生にはおよそ難解なものばかりがズラリと並んでいる。

これでは、古典のための古典を挙げている、という印象が拭いきれない。これらを読んで、どれだけの学生が人生のヒントを得ることができただろうか。

もちろん、これらの古典を読むな、などと言うつもりは毛頭ない。しかし、古典は自分自身の「人間観」をつくるものであることが何と言っても基本のように思う。だとしたら、難解なものがズラリと並んだ「読むべき本百点」ではなく、それらからワンランク落とした、もっと読みやすいものでもいい。

時代は、およそ五十年から百年ほど前。今では読む人もいないし、忘れられているかも知れないが、当時は評判の本で、今読んでも面白さがあるという意外性のある本。それらは、歴史が練り上げた「知恵の宝庫」と言っても過言ではない。こうした書を〝準古典〟として、愛読することをおすすめする。

私がおすすめする〝準古典〟

読者の方たちのために、私のすすめる〝準古典〟を紹介しておこう。

まず日本のものでは次のような書を、ほんの「例えば」としてごく少数だが挙げてみたい。私が何度か読み返したものである。

『努力論』(幸田露伴、『人生、報われる生き方』のタイトルで渡部編述、三笠書房)、『修省論』(幸田露伴、『得する生き方　損する生き方』のタイトルで渡部編述、三笠書房)。『心』(夏目漱石、新潮社他)、『半七捕物帳』(岡本綺堂、筑摩書房)、『ふぉん・しいほるとの娘』(吉村昭、新潮社)、『序の舞』(宮尾登美子、朝日新聞社)、『細雪』(谷崎潤一郎、中央公論新社他)、『氾濫』(伊藤整、新潮社)、『三屋清左衛門残日録』(藤沢周平、文藝春秋)、『軍閥興亡史』(伊藤正徳、光人社)、『坂の上の雲』(司馬遼太郎、文藝春秋)、『言志四録』(佐藤一斎、講談社)、『三国志』『太閤記』(吉川英治、講談社)

西洋の古典では次のような書を挙げたい。

『知的生活』(P・G・ハマトン、渡部・下谷訳、三笠書房)『知的人間関係』(P・G・ハマトン、渡部・下谷訳、講談社)、『自助論』(サミュエル・スマイルズ、竹内均訳、三笠書房)、『自分の時間』『自己を最高に生かす!』(アーノルド・ベネット、渡部訳、三笠書房)、『西洋の没落』(オズワルド・シュペングラー、五月書房)、『幸福論』(カール・ヒルティ、白水社他)、『人間　この未知なるもの』(アレキシス・カレル、渡部訳、三笠書房)、『余暇と祝祭』(ヨゼフ・ピーパー、講談社)、『隷属への道』(フリードリヒ・A・ハイエク、春秋社)

中国のものでは、もちろん『論語』を挙げたい。また、『史記』や『十八史略』も挙げないわけにはいかないだろう。

『史記』は、司馬遷が書き著した歴史書で、中国の伝説の時代から漢帝国の初期に至るまでの人物、政治、経済、文化、制度の歴史を記述している。旅行家として彼が見聞した中国各地方のさまざまな事実、伝承、今で言う講談の類までも材料にしている。

庶民の息吹を知る上ではたいへん貴重なものであるし、古代中国の社会の一面を伝えてくれる。しかし膨大なものであるから、『十八史略』でよいとしよう。

『十八史略』は元代の人、つまり十三世紀から十四世紀にかけてのモンゴル人の王朝時代の人である曾先之が撰者だ。堯、舜の時代から南宋の時代までの『史記』『漢書』以下、歴代の正史十八史をダイジェストした、中国史概論といった趣のものだ。エピソードも豊富で、ぜひ一読してみてほしい。

4

知的生活の「環境」をどうつくるか

週休二日制が定着し、我々にとって土日の余暇をどう過ごすかは大きな課題である。週休二日制は大学から小学校まで広がっているから、学生にも同じことが言える。

本を読んだり、物を書いたりして知的生活に時間を割いている人と、たわいもないテレビ番組を見ながらごろ寝したり、ギャンブルにうつつを抜かしている人とでは、その人間の中身の質と幅に大きな差がつくのは言うまでもない。

余暇を知的生活に振り向けようとしない人の話を聞いてみると、「家が狭くて自分の部屋がない」とか「子供が小さくてうるさいし、家族サービスもしなければいけない」などと、環境のせいにしている人が少なくない。

また、サラリーマンには仕事以外の付き合いがあると言い訳する人もいる。しかし、そんな言い訳ばかりしていては知的生活はおぼつかない。例えば、夜に酒を飲む新聞記者は自分の名前で本を書くことが少ないという。確かに、「仕事が終わって一杯」をやっていれば、夜の時間はつぶれてしまう。

もちろん、遊びや息抜きのない人生はつまらないから、特別の時などはかまわない。私も酒の席で気の合う友人や若い人たちと話すのは楽しいし、気分転換にもなる。でも、仕事帰りにいつも縄のれんでは、「いい按配（あんばい）」になってしまって、知的生活などは望めないだろう。朝になれば、会社の仕事が待っているではないか。

このように自分が置かれた環境を理由にしていたら、価値あることが何もできないのは言うまでもない。大事なのは、今ある環境の中で、どう工夫して知的生活の時間と空間を創造していくか、あるいは新しい環境をどうつくっていくかということである。それを考えないで、ただ環境のせいにして何も行動を起こさないのは、知的生活から逃げているだけである。

「孤独の時間」に知的生活のイメージも発酵する

知的生活と時間について考えた時、私はまず第一に「孤独の時間」ということについて考えないわけにはいかない。一般的に、孤独は人間にとってマイナスに作用することが多いが、この孤独という時間なくして自己の成長はあり得ない。だから、知的生活を目指す者にとって、孤独の時間を確保するのは必須と言える。

およそ日常生活というものは、周囲からの雑音や雑事に取りまぎれて、自分を見失いがちである。だから仕事ができて仕事をたくさん抱えている人ほど、仕事を離れた孤独な時間を大切にすべきである。

人は孤独になると、どんなことを考えるのであろうか。最近では子供たちがテレビゲームやビデオに夢中になり、悪い意味で自分だけの世界に閉じこもって、いわゆる「オタク」になったり、突然他人に危害を加えたりするが、これは孤独の意味をはき違えてしまった結果だ。

しかし、孤独の価値を理解すれば、若い人なら将来の夢を描いたり、年配になれば自らの過去を振り返って輝く青春時代に思いを馳（は）せたりするようになる。そうした自分だけの時間を一日五分でもいいからつくり出す心がけが必要だろう。

そして、孤独の時間には思考を集中するひとときを持つことである。思考は、すべて人間の脳の中での営みである。脳のメカニズムがいかに複雑怪奇であったとしても、思考を自己の意志によってコントロールし、それをよりよき方向に向けて、具体化していくことは、自己実現のために欠かせないものである。そして、それには精神をそのことに集中させなければならないのである。

ささやかな試みを紹介しよう。例えば、朝、家を出て会社に着くまでの「孤独な時間」に興味のある本に一行でも一ページでも目を通し、思考の素材を摂取するのもいい。小さな試みに思えるかも知れないが、無理のないことが大切だ。

これを連日繰り返せば、集中力養成の習慣を身につける練習になる。これは朝食を毎朝きちんと取ることによって、胃の働きを活性化させるのと同じ行為である。朝食を取ったり抜いたりすると、胃の活性化は習慣化しない。この点で、臓器としての脳も胃も基本的には変わらない。集中力養成を欠かさず行なえば、脳も大いに活性化するというわけである。

脳は情報を消化吸収し、心の滋養とするのである。

小さな一歩でも、それを積み重ねれば、やがて大きな進歩につながる。集中力を養う練習を規則的に行なうことによって、思考をコントロールするコツを獲得することができる。それは、間違いなく自己を高めるパワーとして、また知的生活の実現という形で結実するのである。

ログセ「自分の置かれた環境が悪い」を断ち切るヒント

さて次に、知的生活の空間・環境をいかにしてつくっていくかについて考えてみよう。心がけなければならないことは、自分の知的座標軸とも言うべき蔵書を持つことである。

例えば前章でも見たように、古典が良書であることは時間の淘汰に耐えたことからも言うまでもない。そのほかにも、自分にとって面白くて、ためになる本――そのような良書に巡り会ったなら、何はさておき買い続け、自分の手もとに置いておくことである。少々の無理をしてでも本を買い続けるという習慣のない人が、知的に活発な生活をしている例はまずない。

高価で厚みもあって、すぐには読めそうにない本（翻訳物や古典の原書にこの類が多いが）を思い切って買い、月に一回や二回は居酒屋やカラオケを我慢して家に早く帰り読書にふける――こういう姿勢、こういう環境をつくり出す努力こそ、知的生活の出発点なのである。

そして、そうした書物を読むことによって、自分の感情や人生観、あるいは倫理観などが、直接的にしかも深く実感できるところで影響を受ける。

これこそが、知的生活における読書であり、自分だけの「知的座標軸」を持っている、ということなのである。

本を買う時に財布の紐が堅くなる、という人は今日から認識を改めてほしい。本を私有財産にできるかどうかは知的生活を送る上で重要なポイントになる。サラリーマンも知的手段を私有財産化することが、ライバルに差をつける秘訣であろう。

機動力のある「知的財産」から生まれる驚くべき成果

ここで、蔵書を見事に生かし切ることに成功した人がいるので紹介しよう。

私の知人でもある谷沢永一さんである。彼の読書遍歴を綴（つづ）った半生紀『雑書放蕩記』（新潮社）にもあるとおり、谷沢さんは古本を愛し、これを収集することに情熱を傾注した人である。六十代半ばを超える今日まで、生涯で購入した本は約二十万冊。そのうち五万冊は阪神大震災後に売り払ったが、まだ自宅に蔵書が約十五万冊あるというのである。

現役の大学教授であったころも多くの論文を発表した谷沢さんであったが、彼の目覚ましいところは、還暦すぎに勤続三十五年を機として大学を退職し、それから四、五年ほどたって、日本中を揺るがすような書物を何冊も著したことである。その一冊が『悪魔の思想』（クレスト社）という本だった。

スターリンが昭和七（一九三二）年に日本共産党に発したコミンテルンのテーゼがある。いわゆる「三十二年テーゼ」と呼ばれる、運動方針書である。世に知られているとおり、このテーゼは日本の明治維新以降の歴史をコテンパンにけなしている。そして、戦後日本の進歩的文化人たちは、このテーゼに抵触しないようにと、日本の歴史をあしざまに言うような文言を発表したものである。共産革命が起こっても粛清されないようにとの配慮からである。

ところが谷沢氏はある時、ふと「ほかの国々にも似たようなテーゼが出されたのだろうか」と疑問を抱いた。そこで自分の書庫に行って、コミンテルンの資料集を見てみたというのである。すると、コミンテルンが存続した時期に、日本のほかにテーゼが出されたのはラテンアメリカだけだったとわかった。しかもラテンアメリカ向けのテーゼが一回きりだったのに比べ、日本向けには十五回ほどもテーゼの類が出されていたのであった。

これは谷沢さんの大発見と言えよう。つまり、その国の文化や歴史に対して悪口を述べているのは日本へのテーゼだけだったということである。そこにはスターリンの日本への恨みもあったらしい。第二次大戦後にスターリンが「これで日露戦争の敵（かたき）は取った」と言ったという有名な話もある。

谷沢さんがこのような迫力ある著書を書けたのは、いったい何に由来するのか。それは、興味を持った本は買って自宅に置いておいたということである。だからこそ、ふと疑問が湧いた時に即座に調べることができたわけである。

いざとなると、本を探すのは手間がかかるものである。書店や図書館に何軒も足をはこぶことなどを考えると億劫（おっくう）だから、ほとんどの人は及び腰になる。

しかし、谷沢さんは子供の時分から興味を持った本は買い集めていた。知的手段を私有財産としていたのである。あるアイデアがひらめいた時に、それが役に立った。無味乾燥な文献目録としてではなく、購入当時の思い出ぐるみの財産として、蔵書が生きたのである。また、ベストセラーになった『人間通』（新潮社）も、谷沢さんの人間についての広い関心と膨大な蔵書なしには考えられない。

谷沢さんのような例は、もちろん誰もが真似できるわけではない。しかし、読書と勉強の環境づくりを考えるに際し、その精神を伝えるには最高のモデルの一つであると私は思うのである。

すなわち、知的生活において、愛読書や関心ある分野の基本的文献はつねに身近に備えておくぐらいの意気込みは必要であろう。そしてできれば、そのような蔵書で埋まった本棚を常備するスペースを、壁で二面ぐらいはぜひとも欲しいものである。

〝相性の合う〟本にはどんどん書き込みを

それから、本を買うことを推奨する理由は、もう一つある。それは、本を読む際に自分のものであれば、気がねなく書き込みなどができるからだ。

几帳面な方法としてカードを取りながら読書することを提唱する人もいる。しかし私は反対である。これは時間も手間もかかるので、万人にすすめられるものではないからだ。もちろん、例えば論文や報告文を書くという目的がある場合などは、情報を記入したカードがあれば、それを基に構成を考えたりするのに役立つこともある。

しかし、ほとんどの場合、読書しながらカードを取るなど無用なのである。少し読んではカードを取り……ということを繰り返しているうちに飽きが来るし、やがてカードも中途半端、読書も中途半端という結果になりがちだからである。下手をすれば、カード取りへの強迫観念から、読書そのものを敬遠することにさえなりかねない。

読書において何よりも大事なのは、本を読むことである。読んで著者と知的・情的に交流することである。そしてできれば感動し、自分の人生に潤いや滋養を得たい。こうしたことを求めて人は本を読むのではあるまいか。このような見地から、私のすすめる読書法を述べよう。

まず、読みたい本は必ず購入すること。形式として自分のものにしてしまう、これは知的手段を私有財産とするための第一歩である。後は実際に読み込んで、内容を自分の財産とできるかどうかということになるであろう。そのために一番いいのは、本に直接マークを書き込んでいくことである。第一段階として、読んで感心した（あるいは自分にとって重要だと思った）箇所には、線を引くのである。筆記具は何でもよい。

次に、もっと感心した箇所には線を引いた上に丸印をつける。さらに感心したらこの丸印を二重丸にする。圧倒的に感服した場合は三重丸。だいたい、この程度の分類でよいかと思う。また、読んでいて疑問を感じたところには、疑問符を書いておくのもいいかも知れない。

あるいは、自分が関心を抱いている問題について特に重要だと思うことが出てきたら、本の表紙の裏などの余白に、そのページ数をメモしておくのも役に立つ。例えば、西郷隆盛に関心のある人が、日本史の本を読んでいるとする。その時に、彼についての新しく面白い知識があったならば、表紙裏の余白に「西郷○○ページ！」などと記しておけばよい。

以上述べたような読書法は、ほとんど手間などかからない。極端に言うなら、寝転がってでもできるものだと思えるが、いかがであろうか。しかも、このようにして印をつけながら読んだ本は、再読・三読の際には線を引いたり丸印をつけたりした箇所に重点的にアクセスすればいいわけであるから、知識の固定や活用に便利なのである。それに、何かの時に「確か、あの本に書いてあったな」ぐらいのことは、さすがに思い出せるものなのである。

ただし、ここまでやって読了した本にもかかわらず、後日、記憶の片隅にも残っていないような場合には、あきらめるしかない。「自分の知的財産とはなり得なかったのだ。まあ、仕方あるまい」と、潔（いさぎよ）くあきらめる。

このあきらめるということも、自分の知的座標軸を築くに当たっては、けっこう重要なポイントなのである。読者の個性と著者の個性には、俗に言う相性のようなものがあるからである。

相性のいい著者のものを読んでいると、非常によく頭に入るし、また新しい考え方に気づかされる点も多い。この相性というのも、たくさんの本を読みこなしていくうちに、自然とわかっていくものである。

〝自分専用の空間〟を持つ〝無上の喜び〟

それから、知的生活には静かな書斎が必要である――などと言うと、読者からお叱りを頂戴するかもしれない。日本の住宅事情を考慮すれば、大多数の人にとって自宅に書斎をしつらえることなど、夢物語かもしれない。とりわけ、住宅費の高い首都圏など、都会周辺に暮らしているサラリーマンにとっては、無理難題とも言えるであろう。

しかし、およそ知的生活をエンジョイしようと思うなら、小さくてもよいから自分の書斎を持つべきだろう。自分自身の空間があることが、知的生活には欠かせないと言っても過言ではない。

私自身、「書斎が持てる身分になるまでは結婚をしない」という決心をし、実際、そのとおりに歩んできた。書斎への配慮なくして結婚してしまうと、子供が生まれ、やがて幼稚園、小学校と養育費や教育費がかかり、とても書斎まで持つことなど困難になるからだ。

書斎を持つことを人生の一つの目標にしたため、確かに結婚は年齢的には遅かったが、しかし、私自身の知的生活を楽しむ快適な書斎を持つことができ、その後の生活にどれだけ大きな役割を果たしたかは、計り知れない。

おそらくサラリーマンであれば、勤め先の会社に自分の机があることだろう。欧米のパーティション・スタイルのフロアであれば、会社の中に自分の空間を持つことができるかも知れない。しかし、会社である以上、完全に自由に使えるものではないはずだ。あくまでも会社の空間なのである。

それに対して、会社から帰宅し、ゆったりとくつろげる自分の空間を持つことは、無上の喜びだ。そこに自分だけが利用できる私的ライブラリーをつくり上げることも不可能ではない。

知的生活者にとって、書斎を持つことは、きわめて価値のある〝志〟なのである。

〝私的ライブラリー〟のすすめ

私はドイツへの留学前と留学後のしばらくの間、大学図書館に警備員兼務のような形で住み込んでいたことがある。だから、一日のいかなる時間でも必要な本を見ることができた。文字どおり、図書館は我が家だった。

しかし、その時こんなことを考えた。

「図書館に住んでいるということは、何と便利なことであろうか。研究のはかどり方も違う。しかし、この図書館の本の九割九分以上は、私の関心とまったく関係がない。関係があるものだけなら、もっと小さな図書館でも十分に間に合う。将来、自分用の極小ライブラリーの中に住むわけにはいかないだろうか」

これが私が書斎を持とうと決心した理由の一つでもある。

基本的に私は、日本の公共図書館を利用しようという気にはならない。なぜなら、自分自身が関心のある書籍・資料を集めたライブラリーを持ったからだ。それに、日本の図書館は欧米と比べ、使い勝手が悪い。

とりわけアメリカの大学図書館の充実ぶりはよく知られている。閉館時間にしても、普通は夜の十一時か十二時、もし大学院が強力な大学であれば、午前二時ぐらいが閉館時刻である。

図書館は開架式だから、特に貴重な本を除けば、自分の家の本のごとくに取り出すことができる。それに小さいタイプライターつきの個室がたくさんあって、あたかも自室のごとく使えるのである。

だが、日本の図書館では閉館時間はだいたい夜の七時で不都合極まりない。また、自室のごとく使える個室を備えた図書館も、おそらく皆無だろう。

やはり、書斎を持ち、そこに自分の関心のあるテーマに添った書籍や資料を極力集めるようにする、つまり、私的ライブラリーをつくりあげることがベストなのである。それは、自分が欲しい情報をいつでも取り出すことができる空間をつくりあげることなのだ。

サラリーマンであっても、「自分のライブラリー」をつくることは不可能ではない。書斎があれば、それを活用する。小さくても庭つきの土地があれば、その庭にプレハブの書庫でも建てて、まさしく「図書館」にするのも一法だろう。また、マンション住まいの方なら、大きくなって独立した子供の部屋を「図書室」にするという手もある。資金的に余裕があれば、ワンルームマンションを借り、そこを私的ライブラリーにし、そこで仕事をすることも考えられる。

なにも、私的ライブラリーをつくるために本や雑誌をどんどん購入しろ、ということではない。自分自身が関心を持っているテーマに対応した、それこそ重要な本に絞って取り組めばいいのである。自分にとって価値あるものかどうかを考慮し、私的ライブラリーに残していくようにする。そうすることで、情報収集・活用のための時間を短縮でき、効率アップにもなる。知的生活の質も、飛躍的に向上することは間違いない。

知的生活の大敵〝騒音〟をどう排除するか

このような理想を掲げておくことは、現実の世知辛さを改革する工夫を惜しまないためにも必要なのではあるまいか。このような観点から、書斎を持つということ以外に知的生活を確保するためのいくつかの提案を以下にしてみたい。

一つは、睡眠を取る部屋の騒音をどうするかということである。そこに入ると外部の音が一切遮断される、そのような部屋がどれほど人間の神経を安らかにするものであるか、ご存じだろう。騒音から遠いところに身を置くというのは、実は非常に重大な問題なのである。

我々はふだん、通りの車の音、電車がホームに入ってくる時の電子音、街に垂れ流されると言える。

るＢＧＭなど、騒音に慣らされている。だから、少々の騒音など気にしないで暮らしてい

しかし実は、気にしないでいるために、大量の知的エネルギーを消費しているのである。せめて睡眠する部屋は、雑音をシャットアウトできるような工夫を考えてみるべきであろう。というのも、音のあるなしによって、寝つきはもちろんのこと、眠りの深さも大きく違ってくるからである。

当たり前の話だが、健康的な睡眠は日々の活力、知的エネルギーの源泉である。例えば道路側に窓がある部屋に寝ざるを得ない場合は、窓側に音を吸収するように家具を置いたり、窓ガラスを二重にしたり、厚いカーテンを取りつけたり、防音設備を施すなどの対症療法が考えられるのではあるまいか。

実は、私の寝室は二階にあるのだが、かつては窓が道路に面していて、夜中の酔漢の調子っ外れの歌声やら明け方の新聞配達のバイク音やらに、ずいぶん悩まされた。起きていると集中力が途切れるし、寝ていると安眠妨害を受けたものであった。

そこで、改築する際には、道路に面したほうを壁とし、室内のそこは押し入れにした。その結果、まったく外の音が入ってこなくなり、これによって私の睡眠の質は格段に向上し、知的エネルギーの浪費も防げることになったのである。

こうすれば無理のない範囲で十分に知的生活が楽しめる

もう一つのささやかな提案は、書斎は家庭になければならないとは限らない、ということである。これはある意味で、意識と意志の問題と言えるであろう。

例えば、毎日の通勤電車の中を書斎（この場合は読書空間）と見なすこともできる。具体的には、まず家をいつもより早めに出て、場合によっては会社と逆方向に行く電車に乗るのである。それで終着駅まで行き、同じ電車に乗ったまま、会社のある最寄り駅まで行くのである。すなわち、始発駅からの乗客となって、座席を確保すると考えてよいであろう。そして、読みたい本を読みふけるのである。

読む本は、将棋の定石集でもいいし『万葉集』でもいい。電車の中で少しずつでも読み進められて、ためになると思うものを選べばよいのである。私には、この方法でシュペングラーの『西洋の没落』上下二巻を原書で読破した経験がある。

電車で通勤するひとときを、書斎で読書するように活用することは、「ここだって私の立派な書斎だ」という意識を持ち、「毎日少しずつでもしっかり読むぞ」という意志を実行に移すならば十分に可能だと思う。このように、どこであろうと心がまえ次第で書斎として活用できるということなのである。

あるいは、喫茶店を書斎代わりに使うことも可能であろう。実は私は、大学の講義のない夏休みなど、気分転換のために、また運動不足解消の散歩もかねて、よく喫茶店に行く。徒歩でおよそ四、五十分ほどの距離にある喫茶店である。読む本を持ち、私の場合、行きはタクシーを使う。帰りは歩かざるを得ないように自分を仕向けるのである。

店に入ると、なじみの席に腰を下ろしてコーヒーを注文し、一時間ほど読書する。タクシー代が千円前後、コーヒーが五百円。千五百円ばかりを費やして、コーヒーと読書と散歩を楽しむ。

贅沢と言われるかもしれないが、こうしないと私は散歩を怠りがちなのである。それに、夏などは一日中冷房のきいた部屋にいるために、体の調子が狂いやすくなる。その時、この散歩で汗を流すというのは、私にとってたいへんに重要な健康維持法の一つなのである。

帰り道、歩いていると、読んだ本に関連して思索が深まったり、よいアイデアが浮かんだりもする。自分の足を使っての移動は、脳にもよい刺激となるようである。

最後に本章の結論じみたことを述べれば、本に直接マークしながらの読書にしても、家庭や自分の行動圏内にある特定の空間を書斎と見なして活用することにしても、無理のない自分に見合った範囲で知的生活を心がけることが大切だ、ということになるであろうか。

5

よく生きるために不可欠な「運」の呼び込み方

私がこれまでの人生を振り返る時、「もしもあの本を読んでいなければ、自分にとってはずいぶんマイナスだったろうな、損をしていただろうな」と感慨を抱きつつ思い浮かべる本が何冊かある。ここに紹介するものも、その一つである。

私はこの本から、言わば「運命や幸福に対する、知的かつ実践的な姿勢」を学んだような気がする。

その本とは、明治から昭和にかけて活躍した文豪、幸田露伴の書いた『努力論』である。私は九七年、現代語に編述したものを『人生、報われる生き方』（三笠書房）のタイトルで上梓した。第一回文化勲章受章者でもある露伴は、慶応三（一八六七）年に生まれ、昭和二十二（一九四七）年に没した。

「直接の努力」よりはるかに大事な「間接の努力」

さて露伴は、当時の出世コースとはまったく別の道を歩んだ人である。同年代の夏目漱石と比較すると、漱石が東大を卒業してイギリスに留学するなどエリートコースを順調に進んだのに対し、露伴は旧制中学に一年いた後は漢学塾に学び、やがて電信修技学校を経て北海道の電信分局に勤めた。北海道から東京に戻ってからは勤め先もなく、失意の青春時代を送ったのであった。

このような紆余（うよ）曲折を経て二十二歳で小説家としてデビューした露伴は、生涯、人生に対して観察と反省と努力を怠らない人であった。高踏的ではなく人情味がある、そんな彼の人生論をまとめたものが『努力論』なのである。そのテーマを簡単にまとめて言うと、次のようなことになる。

「努力している、また努力しようとしている、という意識を忘れて、そして自分がやっていることが『自然な努力』であってほしい。これこそが努力の真髄であり、醍醐味なのである」

「『努力して努力する』――これは真によいものとは言えない。『努力を忘れて努力する』――これこそが真によいものである」

「努力には『直接』と『間接』の二種類がある。『直接の努力』は当面さしあたっての努力、その時その時に力を尽くすこと。『間接の努力』は日頃の準備の努力、基礎をつくる努力である。ある願望を達成しようとして努力しても成果があがらないのは、『直接の努力』ばかりでふだんから『間接の努力』をしていないからだ」

「失敗したら自分の努力の足りなかったせいにし、成功したら運のおかげにする、そういう人物こそ偉大である」

発明王エジソンも「成功の九九パーセントは汗であり、残りの一パーセントがインスピレーションだ」と言っている。この場合のインスピレーションという言葉も、一種の運のことだと考えてよい。

人知で測れないものに対する〝知的態度〟

私と『努力論』との出会いは、前述のとおり大学時代のことであった。今は亡き神藤克彦先生に読むようにすすめられた私は、一読して心に感ずるものがあり、その後も折りに触れては何度も読み返している。

なお、典型的な西欧知識人の人生論としては、カール・ヒルティ（一八三三〜一九〇九年）の『幸福論』がある。私はやはり大学時代、増田和宣先生のドイツ語演習の時間に『幸福論』の中の〝仕事をする技術〟を読んで、感銘を受けた記憶がある。

ヒルティは、究極的にはキリスト教の精神性を重んじたインテリであった。一方の露伴は、儒教をはじめ老荘の学や仏典など東洋思想の素養が豊かな文人であった。

したがって、私は大学生の時に、二人の恩師のおかげで東西の人生論のエッセンスを読むことができたわけである。思い返せば、たいへんありがたいことであったと今でも感謝している。

さて、東洋的な知恵に満ちている『努力論』の中で特に印象深いものとして「幸福三説」がある。幸福は幸運に置き換えられる。人生に幸運を呼び込むためには、どういうことが必要か。露伴はその方法を三つ紹介するのである。

ただし、運というものを考えるに当たっては、大事な前提がある。それは、「こうすれば必ず幸運が舞い込む」といった、かっちりとした因果律などはないということである。

このことを、露伴は次のように述べる。

「もしも運命というものがなかったならば、人の未来はすべて数学的に予測できるであろう。しかし、人の世とは複雑で紛糾しているものなのだから、同一行動が必ず同一結果をもたらすとは断言できない」

したがって、人知で測れないものに対する知的姿勢というものも、当然考えられるであろう。例えば運の巡り合わせなど、人間の力ではとうてい正確にはわからないものなのである。

とはいえ、幸運が訪れるか否か、そこにはきわめてゆるやかな因果律のようなものがありそうだ、ということも否定しきれまい。言い換えれば、「こうすれば幸運になれる……のかも知れない」という行ないがあるらしいことは、人の世を見ていればおのずとわかってくる。

惜福――幸運にいい気になって舞い上がらないこと

必ず幸運をもたらす特効薬など、この世にあるはずがない。かといって、世の中を見渡せば、幸運に恵まれる人にはどことなく似た傾向が見えてくるのである。

そこで、幸運に巡り会う確率が比較的高いと思われる生き方について、露伴は三つ説き明かしたというわけである。

その「幸福三説」のはじめには「惜福（せきふく）」が説かれる。福を惜しむのがよい、というのである。

これはどういうことか。惜しむとは、倹約とかケチとか、そういったことではない。大切にするということである。すなわち、「自分が幸運に出会った時は、それを大切にすること」なのである。

露伴は惜福を説明するのに、新旧の着物の例を挙げている。私なりに脚色して紹介しよう。

ある母親が、息子二人にそれぞれ着物を新調してやった。兄は喜んで、それまで着ていた古い着物を押し入れにしまい込み、新しい着物ばかりを身につけるようになった。

一方、弟ももちろん喜んだのだが、彼は兄とは逆に新しい着物のほうを押し入れにしまい込み、着古した着物を繕いながら身につけるのを常とした。そして、新品の着物は冠婚葬祭などの格式ばった席に出る時にだけ、着るようにしたというのである。

二人の息子のうち、この弟の態度を「福を惜しむよきもの」とするのが露伴であった。彼は「古い着物は古い着物で役に立てているし、新しい着物は新しい着物で役に立てている」ことを高く評価するのである。

そして、母の愛は二人の兄弟に対して平等であっても、長い間には惜福の弟のほうに恩恵を多く与えることになるであろう、と指摘する。

では、この惜福をビジネスマンの世界に当てはめるとどうであろうか。私が思うに、「幸運にいい気になって、舞い上がらないこと」であろう。上役に褒められたり認められたりした時に、天狗（てんぐ）になってはいけないのである。露伴は「控え目にして、自ら抑制するのは惜福である」と述べている。

秀吉を秀吉たらしめた「分福」の精神

露伴が二番目に説くのが「分福」である。福を分ける。すなわち、「幸運に出会ったら、それを周りにお裾分けすること」が大事だというのである。例えば宝くじで一千万円当たったとしたら、そのうち二割の二百万円ほどは、自分の出た学校なり赤十字なりに寄付するというようなことである。

また、上司に褒められた場合に、「ありがとうございます。これも、同僚や先輩の皆さんがお力を貸してくださったおかげです」と一言添えるのも、分福だと言っていいかも知れない。

先に述べた惜福との比較で言えば、上司に認められた際に「ありがとうございます」と受けて、いい気になって舞い上がらぬよう自重するのが、惜福タイプの人である。

これに対し分福タイプの人は、「お褒めにあずかって光栄です」というコメントの後に「仲間のおかげです」と殊勝に続けるわけである。もちろん、このようなことが嫌みなくできるかどうかは、また別の要素が絡むことではあるのだが。

なお、分福の章では、ある店の主人を例に挙げて、次のようなことも記されている。

「商売で儲かった時に、この店主が利益を使用人らに分けたとしよう。すると使用人らは、店主が福利を得るならば自分たちも福利を得るのだということがわかり、熱心に業務に励み、店主を儲けさせようと努力するものなのである」

しかし、もしもこの主人が、商売で得た利益を独り占めして自分の懐を潤すだけで、使用人らに何も分福しなかったならば、どうであろうか。

「使用人たちは、『主人が儲けようが損をしようが、私たちは痛くも痒(かゆ)くもない』と考えて熱心に働く気も失せ、やがてはその店は儲けのチャンスを逃すことが多くなるだろう」

と露伴は言うのである。

分福の人は、一言で言うと気前がいいのである。歴史上の人物で言うならば、豊臣秀吉がこれに当たるであろう。秀吉が宴会の席でこう言い放ったということを露伴は述べている。

「天下の大名たちで、わしに不満のある者などいるはずがない。なぜならば、わしほど気前よく領地をくれてやる主君などほかにいないからだ」

また、ある時、有力な大名らの間で、秀吉に万一のことがあった場合には誰が天下人となるであろうかという問題が持ち上がった。そして徳川家康の名が出されるや、即座に「彼のようにものをくれ惜しむ者に、何ができるものか」という発言があったともいう。

どうやら、急速に天下を取るような人物には、分福タイプが多いと言えそうである。ほかにも平清盛やナポレオン、それにやや例はよくないかもしれないが、高級将校を多く元帥に登用したヒトラーなどがいる。

「植福」できる自分の力や情・智に感謝する

露伴が幸福三説の最後に述べるのは「植福」である。文字どおり「福を植える」ということである。狭い範囲で言えば、植福は家族や子孫の繁栄を願うものである。例えば、杉の木を植えて育てる。材木になるころには、自分はほぼ確実にこの世にいないだろう。しかし、子や孫がその恩恵を受けるだろう。福はそうやって後代に受け継がれるのである。

また、露伴はこうも説く。

「植福とは、自分の力・情・智をもって、人の世に幸福をもたらす物質・清趣・知識を提供することを言うのである。すなわち、人の世の慶福を増進長育するところの行為を植福と言う」

今日の言葉にすれば、個人が自分の能力などを用いて社会に貢献することになるわけである。自分の福を社会のために植える。自分には寿命があるが、人の社会は自分の死後も続くであろう。その社会の繁栄のために、自分の福が役立つような行為をするのが植福なのである。

以上、簡単に紹介した露伴の幸福三説は、現代においても、仕事や人付き合いに大いに生かすことができるし、国家の命運にも当てはまるものであると私は思う。

一つ、感嘆に値すべき露伴の先見性について付け加えておきたい。惜福を説く章で、露伴はこんなことを述べているのである。

「将校が強く兵士が勇敢であるのをいいことに武力を用いる際にこれを愛惜しないならば、やがてはその国の軍隊は負けてしまう。陸海軍の精鋭はわが国の大幸福であるが、これを愛惜する工夫を欠くならば寒心すべきものがある。惜福の工夫は国家にとっても大切である」

当時の日本は、日清・日露の両戦争に勝利を収めて、世界の注目を集めていたころである。その後の第二次世界大戦における敗戦に至るまでの日本の道のりを思うならば、大正のはじめころに、運不運との付き合い方に関して、歴史上の人物、ひいては国家のあり方にまで例を広げて説いた露伴の職見には、誰もが脱帽せざるを得ないのではあるまいか。

露伴が四十代の前半に『努力論』を書いて世に発表したのも、考えようによっては分福の一つである。また、今後とも多くの日本人の人生観を培う座右の書として読み継がれていくならば、この本は植福を果たすことにもなろう。その価値を私は疑わない。

“自分の手のひら”を痛めない人に運も味方しない

一般的に見て、惜福の人は成功が遅く分福の人は成功が早いということが言えよう。また、植福の人は成功が持続すると言えるかもしれない。ただし、いずれのタイプであっても、好結果や見返りを期待するようではだめである。

「図に乗らず、慎んでいたのだから、福をお裾分けしたり社会に還元したのだから、きっとよいことがある」と、見返りを望むような根性で惜福や分福や植福に励んだならば……残念ながら、そうは問屋が卸さないであろう。再度念を押せば、運を司る神は、そのように単純なものではないのである。

『努力論』の最初の章「運命と人力と」には、次のような見解が述べられている。

「幸運を引き出す人は、つねに自己を責める。自らを責めるということほど人の同情を引くことはなく、人の同情を引くことほど自己の事業を成功に近づけることはない」

この「同情を引く」とは「共感を得る」というような意味合いであろう。ビジネスマンにとっても経営者にとっても、含蓄ある言葉ではないだろうか。

昔の偉人たちの伝記を読むならば、彼らはすべて自らを責めてほかを恨むような人ではないことがわかるであろう。

それに引き替え、不祥事を起こしたり悪運に見舞われたりした人たちを調べてみると、ことごとく自らを責めることをせずに、他人ばかりを責めたり恨んだりする人間であることがわかるであろう。

そして、手触りのよい柔らかな綱だけをつかんで、自分の手のひらを痛めることをせず、容易で軽く醜悪なる悪運の神をたぐり寄せているのである。

実は、露伴の『努力論』とヒルティの『幸福論』に共通して述べられていることがある。繰り返すが、露伴は『努力論』の序文で「努力して努力するのはよいものではない。努力を忘れて努力することこそ、真のよいものである」と述べている。一方、ヒルティは『幸福論』の中で〝仕事の上手な仕方〟について、「仕事に没頭するという本当の勤勉を知れば、人の精神は働き続けて止まらないものである」と言っている。

没頭すること、あるいは努力を意識しない努力。

どんな目標を掲げるにせよ、成功に向かうコツは、彼ら東西の碩学（せきがく）によるなら「忘我の境地にあり」ということになる。同様に、幸運を期待するような私心を捨てることこそ、最も幸運に近いのだと言える。

6

着実に〝成果を上げている人〟の時間活用術

時間は万人に平等に与えられている。富める人も貧しい人も、老若男女を問わず一日二十四時間を等しく享受することができる。しかし、有効に使おうが、無駄に使おうが、その二十四時間は迅速無情に過ぎ去っていく。それは時間の持つ厳しい側面でもある。

「時間がない」は仕事逃れの口実に過ぎない

『幸福論』を著したヒルティは、「人々は、なぜ自分が一日中忙しいのかわからないままに忙しく動き回っている」と鋭く指摘している。時間の本質を見抜いた卓見である。まさに、人は時間に翻弄(ほんろう)されていると言ってよい。

ヒルティは、『幸福論』の中で「仕事の上手な仕方」について、次のように述べている。

「まず何よりも肝心なのは、思い切ってやり始めることである。仕事の机に座って、心を仕事に向けるという決心が、結局は一番むずかしいことなのだ。一度ペンを取って最初の一線を引くか、あるいは鍬(くわ)を握って一打ちするかすれば、それでもう事柄はずっと容易になっているのである。

ところが、ある人たちは、始めるのにいつも何かが足りなくて、ただ準備ばかりして（そのうしろには彼らの怠惰が隠れているのだが）、なかなか仕事に取りかからない。そして、いよいよ必要に迫られると、今度は時間の不足から焦燥感に陥り、精神的だけでなく、時には肉体的にさえ発熱して、それがまた仕事の妨げになるのである」（傍点原訳書）

ヒルティが何を言いたいかはおわかりだろう。つまり、多くの人が口にする便利な言い訳としての「時間がない」というのは、結局、仕事逃れの口実にしか過ぎないと言い切っているのである。人はいやな仕事、やっても愉快ではない仕事は、つい後に延ばしてしまう傾向があるものだ。ヒルティは、「一番の時間の浪費は先延ばしにある」とまで明言している。

卑近な例で言えば、大学で私は学生たちの卒業論文を指導している。そこで毎年四月に、学生たちに向かって「テーマが決まれば夏休みが始まる最初の日に、とにかく一枚は書き出すこと」とアドバイスしている。にもかかわらず、多くの学生は十二月の締め切りが迫るとあたふたとする。こうした光景が毎年続く。しかし、アドバイスを素直に聞き入れた学生は、夏休みが終わるころ、あるいは十月ごろには論文をまとめ上げてしまう。しかも、ほとんど例外なく優れた内容である。

ことほどさように、「時間がない」「忙しい」などと実に忙しげに走り回っていた人が、後に残るような仕事を何一つしていないことが多いのも事実である。コマネズミのように動き回っている人にとっては、やっかいでいやな仕事がイコール重要な仕事なのだろう。だから、優先順位からすれば下位の仕事にばかりとらわれ、その結果、「時間がない」「忙しい」と、重要な仕事を後回しにしてしまう。

多忙であることと、多忙感を感じることとは本質的に異なる。細かな仕事をそれこそ間断なくこなしていれば、とても多忙感を覚えるものだ。しかし、その仕事は質的に高いものではなく、また量的にも多くの仕事をこなしているとは言い切れない。

逆に、大きな仕事に素早く取り組む人は、細かい仕事など残り時間で瞬時に片づけてしまう。こうした人は、多忙感など訴えず、質的にも量的にも高い仕事をするものだ。よく「急ぐ仕事は、忙しい人に頼め」とも言われる。これは、多忙に慣れた人は、仕事に取り組むのが早いから、というのがその理由である。

なぜ「大人の時間」より「子供の時間」のほうが長いのか

時間の本質、あるいは価値について考える時、ノーベル生理学・医学賞を与えられたフランスの医学者であるアレキシス・カレルの名著『人間　この未知なるもの』についてふれないわけにはいかない。私はこの本と学生時代に出会い、それこそ虜になったものだ。「人間とは何か、人生とは何か」を教えてくれた最高の〝恩書〟と言っても過言ではない。この中でカレルは、時間の価値を「外なる時間」と「内なる時間」という概念で的確に考察してみせた。

「外なる時間」とは、言うまでもなく物理的な時間である。つまり、天体の運行を基準にした時間であり、一定の速度で流れ、等しい間隔で成り立っている太陽の時間と言える。

これに対して、「内なる時間」は人の生理的・心理的側面に影響される時間である。したがって、太陽時間の単位では正しく計ることはできない。

カレルは、「内なる時間」を次のように定義している。

「一生の間に肉体とその活動に起こる変化を表わしたものである。各人の個性を構成している構造的、体液的、生理的、精神的状態は絶え間なく続くが、その状態を言うものである。まさに、人間の持つ次元の一つである」

いささかむずかしい表現ではあるが、簡単に言えば、時間に対する感覚は人それぞれ異なり、個人差がある、と結論づけることができるだろう。つまり、時間の流れ方には、個人差があるのである。

また、個人差ばかりでなく、年齢により時間の流れに対する感覚も大いに異なる。つまり、人は物理的時間の価値の変化を、年齢とともにかなり明確に感じるものなのである。子供時代の一日は非常に長く思われるが、成人期の一日は驚くほど早く過ぎ去っていく。たぶん、物理的時間を人間の寿命の枠組みの中に無意識に置くために、こうした感情を経験するのであろう。これもカレルから学び、大いに感銘を受けたことである。

カレルは、年齢による時間の流れ方の変化を川の流れにたとえて、次のように表現している。

「物理的時間は一定の速度で流れていく。それは平野を通って流れる大河のようなものである。人生の暁には、人は堤に沿って元気よく走っていく。そして流れより速く走る。昼近くなると、速度が落ちてくる。そして流れと同じ速さで歩くようになる。夜になると、人は疲れている。流れは速さを増し、人ははるか後方に取り残される。そしてついに立ち止まり、永久に横たわる。それでも川は容赦なく流れ続ける。川は実際には、全然流れの速さを増してはいない。人間の速度がだんだん遅くなるので、こういう錯覚を抱くのである」

同じ速さの川の流れであるにもかかわらず、起きたばかりで元気のいい時は、その川の流れが非常に遅く見える。ところが、昼過ぎから夕方になると身体も疲れ、結果として川の流れがとても速く見える、と言うのである。一個人の一生においても、この川の流れの感じ方と同様、年齢によって時間の流れが異なるような感覚を抱くものだ。

「若さ」や「元気」を保つための〝二つの時間〟の調整法

肉体的にも成長期にある元気な子供のころは、時間の流れを遅く感じる。指折り数えて正月が来るのを待つ、という体験は誰にでもあることだろう。おそらく、一年の長さに子供たちは、小躍りしていたのかもしれない。それが、老年になるにつれて短く感じ、「時のたつのは早いもの……」と一年のなりゆきの速さにため息をつくことになる。

「成人期の一年」は「子供時代の一年」に比べて、驚くほど早く過ぎていく。子供のころに時間が無限にあると感じるのも、若さゆえのことだろう。そのために、時間の無駄づかいもしてしまうのだ。

カレルのこうした「外なる時間」と「内なる時間」の鋭い考察に、私が刺激を受けたのは言うまでもない。そこで私は、何とか「内なる時間」の流れを速め、「外なる時間」の流れを遅いと感じるような生き方ができないものかと強く意識するようになった。そうすれば、「若さ」や「元気」をつねに保てるからだ。

そのためには、「内なる時間」が速く流れ、「外なる時間」が相対的に遅くなるという環境を自らがつくり出していくしかない。

では、どうしたら「外なる時間」の流れを遅いと感じることができるのだろうか。一つの例として、海外を旅行することもいいだろう。私の場合で言えば、今でも機会をつくり、年に何回かは海外で一週間ほど生活をする。そうすると、最初の一日、二日目など東京を発って間もないのに、東京にいた時のことがずいぶん前のように感じられる。

ドイツへ留学した二十五歳の時など、まさにこのカレルの説を身をもって体験することになった。留学した最初の一年間は、ドイツへ来たのがもう十何年も前のことのように思えたのである。これはつまり、私自身の「内なる時間」が速く流れたために、「外なる時間」が相対的に遅くなると感じる環境にいたのだということではないだろうか。

「外なる時間」がむやみに速く流れる、と感じた時は、すでに老衰の域に入っている何よりの証かもしれない。

通勤途上、いつもの時の流れが以前よりも速いと感じるようになったなら、仕事や生活に疲れ、若さを失いかけている表われと見ることもできる。時には、こうした自己検証をしてみるのもいい。

時間を〝密度の高い空間〟に変える努力を

カレルはまた、「時間は、本質的につねに空間と結びついている。これは物質の不可欠な面である」とも言っている。時間と空間の関係を指摘したものだが、時間を有効に生かす示唆と言えるのではないだろうか。時間は空間から切り離すことはできない。時間は空間という形で、手に触れるものに変換し得るのである。

例えば、いつの間にか大きくなったわが子を見れば、「時間は空間」であることを強く実感できる。また、拙宅の庭の池で三十年来飼っている鯉(こい)を見ても同様のことが言える。まだ、針の先ほどに過ぎない卵からかえった稚魚が、やがて大きな鯉に成長する。それこそ、時間が空間という形に置き換えられた結果なのである。

つまり、時間の経過の中で、その時間を広く手に触れられるものに転化する努力を惜しまない――これも時間の効果的な活用法の一つと言えよう。

例えば、出版社であれば時間とともに書籍の発行点数が増えていく。メーカーであれば、商品が次々に開発され、品揃えが充実する。時間が空間的に置き換わることになるのである。

個人にしても、例えば新事業の企画案を数時間、数日間かけてまとめ上げたとしよう。

それまでは頭の中にあったアイデアに過ぎなかったものが、時間を費やした結果として、形ある企画書となる。つまり、使った時間が空間として残るわけだ。そして、それがさらに空間的にも現実の事業になる。時間を有意義な空間に置き換えるという努力が、時間を有効に使う励みにもなる。

頭のエンジンをフル回転させるための〝知的時間術〟

「時間の本質」についてもう少し違う視点で考えてみよう。

知的生活を充実させるためには、時間の使い方にも技術があることを認識しなければならない。なにも「規則正しい生活」が最高の「知的時間術」であるはずはない。特に創造的な仕事に従事する人の場合、規則正しい生活が必ずしも最高の成果を生むとは限らない。『知的生活』を著したハマトンは、「時間の使い方」について、実に示唆に富んだ多くの箴言(しんげん)を残している。

その一つに、知的生産における「中断」についての項がある。知的生産にとって、「中断の時間」は確かに致命的な障害となる。このことをハマトンは、当時(十九世紀)の溶鉱炉にたとえている。これは私がよく引き合いに出す話である。

溶鉱炉は一度火を消してしまうと、再び鉄が溶けるようになるまでに、たいへんな時間を必要とする。そこでどんな場合でも火を消さないようにするというのである。そしてひとたび火をつけたなら、火を落とすことなくどんどん温度を高めていかなければならない。

知的作業もそれと同じで、頭のエンジンも中断されることなく回転していけば、温度が次第に上昇してきた溶鉱炉のごとく、頭はますます冴えてくるものだ。かくて、その仕事に取りかかった時には、予想もしなかった展開や思いがけないひらめきが次から次へと生まれてくるのである。

だからこそ、新事業や新商品の企画案づくりなどといった知的作業、知的生産で最高に充実した成果を上げるためには、絶対に途中で中断をしてはならない。知的生産の敵は、まさしく中断の時間であると言ってよいのである。

私の体験を一つ挙げてみよう。論文を書く時など、あれこれ考え、その書き出しの一、二枚に筆がいった時に、突然の電話や訪問客で中断されることがある。その後にまた書き始めようとすると、せっかく浮かんだアイデアや構想もどこかへ行ってしまい、中断前の状態に戻るためには、一、二時間を要してしまう。果ては気分がこわれ、その仕事は半日中断、あるいは翌日、翌々日に持ち越しになったり、どうしても以前のものにつながらないということにもなる。

とするならば、途中で邪魔が入らないような環境づくりをすることが、とりわけ知的作業、知的生産には欠かせないということになる。そのために、中断がない真夜中や、うんと早朝に知的作業、知的生産を行なうことが望ましいかも知れない。それに使った時間を、確かな空間として残せることにもなる。

もちろん、多くの仕事は普通の「朝型人間」にフィットしたものである。企業もそれを求めているだろう。

しかし、知的生産を行なうためには、必ずしも朝型人間が望ましいとは言い切れない。むしろ、中断のない真夜中に頭脳を大いに使うべきではないか。サラリーマンの場合でも、翌日が休みの日であれば「いつ寝床についてもかまわない」という伸びやかな気持ちが、知的作業を最高のレベルに維持する余裕を、心に与えることにもなるだろう。

そして、原稿ならば数枚から数十枚が、目に見える空間として残る。それは精神衛生によく、疲労を忘れさせてくれるのだ。

発明王エジソンの〝ひらめき時間〟術

アメリカの発明家であるエジソンについてこんなエピソードがある。エジソンは、新聞の売り子から電信技手になり、南北戦争後の好況期に発明の才を発揮した。そして、蓄音機、謄写印刷機、投票記録機、白熱電球、X線透視装置など電気関係の諸器具を次々に発明したのだった。生涯に得た特許数は千三百件を超すとも言われ、発明王の名を不動のものとした。

そのエジソンのもとに、ある母親が小さな子供を連れて相談に訪れた。

「この子を何とかあなたのような立派な人間にしたい。ついては何かアドバイスを……」

母親がそう懇願したところ、エジソンは一言こう言った。

「坊や、時計を見てはいけないよ」

もはや詳細な説明は不要だろう。エジソンは、頭が冴え、思いがけないひらめきを得るためには、物事に熱中することが大切だということを諭したのだった。時間が中断されることのない状態のもとで、知的生産、知的作業をするならば、脳の働きは最高の機能を発揮すると言ってよい。

もちろん、中断がまったくない環境をつくることが不可能な場合もある。けれども、工夫と心がけ次第で状況はかなり改善できるだろう。ビジネスマンであれば、通勤電車や出張の際の移動中なども知的生産の場として十分に活用できる。会議の参考資料に目を通したり、仕事に関連した本を読むには最高の場になるかも知れない。学生であれば、英語の単語を覚えることもできる。細切れの時間を活用することが、むしろ知的作業には最適な場合もあるのである。

忙しく日々動き回る現代人は、人生で本当に大切なものを見失いがちになる。冒頭で紹介したヒルティの問いかけに冷静に耳を傾け、時間の価値と重要さに改めて思いを馳せる時が来ていると言えるかも知れない。

「自分ではどうにもならない時間」も「自分の時間」に転化できる

誰でもが強く意識しているわけではないだろうが、自分の時間には「他律的な時間」と「自律的な時間」があると表現することもできる。例えば、学生にとって他律的な時間とは、学校の時間割に従って自分の時間を拘束されることであり、先生の講義を聴き、試験を受けることである。つまり、時間を強制されることでもある。したがって、学生たちは、時間に対して受動的にならざるを得ないだろう。

こうした他律的な時間に対して、自らの意志のもとに読書をしたり、瞑想したり、あるいはスポーツをしたりなどという能動的な時間がある。学校の時間割に拘束されるのではなく、自分の好きなことに自由に興じていたいという欲求は誰にでもあるものだ。それが、自律的な時間である。

この他律的な時間と自律的な時間をどのように両立させたらよいのか。自分の時間を有効に活用するには、このバランスをどう取るかにかかっているのである。

私も、このことについては学生のころ、大いに思い悩んだものだ。どうしても自分の好きな本を読みたい。しかし、それには学校の授業が邪魔になる。授業に出れば、「こんなくだらない講義を聴くくらいなら、好きな本を読んでいたほうがずっといい」などと、何度も思ったものだ。

そうした私の悩みを解決してくれたのが、河合栄治郎先生の著作との出会いだった。河合先生は、東京帝国大学の教授で、『学生と生活』『学生と読書』などといった数々の「学生叢書（そうしょ）」を出版し、多くの読者を勝ち得た。まさに戦前の日本における思想界のリーダーの一人として、ふさわしい業績を残した人でもあった。

他律的な時間と自律的な時間のバランスをどう取るかは、私だけが悩んでいたのではない。河合先生のような偉い先生も思い悩み、その解決策を見出していたのだった。それは私に強烈なインパクトを与えた。

河合先生もやはり、学生のころは学校の授業だけではつまらない、物足りないと感じていたようだ。たいへんな読書家だから、自分の読書の時間が欲しい、もっと自由な読書をしたいと渇望していた。しかし、学校の授業もある、どうしたらよいだろう。

そうした逡巡（しゅんじゅん）の結果、先生はこうした結論に達した。学校の授業をおろそかにするわけにはいかない。むしろ、授業は積極的に受け入れ、休むことなく出席する。帰宅後にはノートを整理し、関連の本を読んで勉強する。

ただし、授業のない週末は完全に〝自分の時間〟とし、自由に活用する。自分の好きな本を読んだり、好きな勉強をしたり……。

このバランスはとても優れているように思う。「読書が好きだから」「授業がつまらないから」などと言って学生が学校をおろそかにするのは愚かなことである。

学校の授業には準備や復習、試験やレポートがついていて、単なる自己流の勉強では身につかないことが身につくものだ。ただし、それだけだと他律的になりやすい。そこで、週末は自分の時間とすることで他律的と自律的両方のバランスを取る。そうすることで、限られた時間を有効に使うことができる。そう言っても過言ではない。

〝一事集中〟で知的地平線がグンと広がる

私自身の体験を振り返ってみても、同様のことが言える。確かに学校の授業というのは、退屈でさぼりたくなる場合が多いものである。だが、しっかりと授業に出て講義を聴き、レポートをまとめる。その上で試験を受けて単位を取った場合と、そうでない場合とでは、ある課目についての概観的知識や理解度に、後々雲泥の差が生じる。

例えば、ろくに授業にも出ず、他人のノートを借りてかろうじて単位を取ったような科目の分野について、何かのおりにその知識を求められたとしよう。おそらく、理解の基礎ができていないことに気づくであろう。

しかし、しっかりと授業に出て講義を聴き、毎週ノート整理もし、関連事項も調べ、レポートをまとめるという勉強をしていれば、将来、知識の再確認もスムーズに進み、自信を持って語れるものである。

「あの時、もっと真面目にやっておけばよかった……」と後悔することにもなりかねないから、今学生である人は、心して講義に臨んでほしい。何ごとも「一事集中」することである。そうでなければ、すべてが中途半端になってしまうものである。

私が大学三年生の時に、毎週火曜日と木曜日はアメリカ文学史の授業があった。その先生は、アメリカの大学の学長を務めた神父さんで、実力があり余るような偉大な人だった。ところが、この先生は何か思い違いをしていたらしく、木曜日の授業をつねに欠席された。長く〝休講〟状態が続いたのである。若かった私たちは「授業が休みになる、しめた」と皆で快哉を叫んだものだ。

結局、木曜日は休講状態で一年間が終わってしまったのだが、今思えば偉大な先生の授業をみすみす無駄にすることになったわけで、残念でならない。そのせいで、私のアメリカ文学史の知識は、マーク・トウェインで終わってしまった気がする。もし木曜日もあの授業があったら、現代アメリカ文学への視野も広がっただろうにと、くやしく思っている。

大学生であれば、たとえ教養科目であり、自分の将来の専門の範囲外であったとしても、熱心に講義を聴いて勉強し、確実な基礎をつくるのが賢明であろう。

その時、少し面倒だなと思っても、それは、社会に出てから大いに役立つことになるかも知れない。しっかりと勉強したことは、確実に自分自身の知的地平線を広げ、将来どこかで生かせる機会も必ずあるに違いない。

文科の人間になぜ「エントロピー」の概念が必要なのか

大学の教養課程でも、私は、河合先生の教えにできるだけ忠実に従った。本来の専攻外である生物学や倫理学、哲学、国文学や漢文学、さらには物理学、化学などといった科目の授業にも真面目に出席し、その講義を徹底的に理解しようとした。必修科目だったため もあるが、とにかく一生懸命に耳を傾けた（当時の上智大学は、英文科の学生にも漢文、国文、物理、化学、生物学、心理学、数学を必修課目として課していた）。

今でも思い出すのは、化学の時間に教えられた「エントロピー」の話だ。「文学部の学生に分子式を教えたところで覚えるわけがないだろう。だから一番重要なことを一つ教える」と、その先生は一年間「エントロピー」だけについて講義をされた。

エントロピーとは、熱力学的な概念（十九世紀の半ばころからR・J・E・クラウジウスによって導入された）だが、これを一応理解できたということは、私にとって貴重な財産になっていると言ってもいい。

なぜなら、エントロピーの概念は、思想的に見て重要な側面があるからだ。それは「あるシステム（系）を構成しているすべての要素（粒子）の振舞いが、すべて詳しく知られていなくても、システム全体としてのグローバルな振舞いは理解することができる」ということを示したことだ。こうした方向性を持った概念は、複雑で不確定要素の多い社会科学的な現象をグローバルに把握するのに役立つ。

私は科学者でもなければ経済学者でもないが、エントロピーを理解したことで、社会経済的な出来事に対して、ある種の洞察ができるようになったと自負している。

とにかく私は、河合先生の教えに従い、授業には努めて出るようにし、講義を聴いた。ただし、授業のない時は、極力自分の時間に充てるようにした。つまり、好きな本を思う存分読んだものである。

こうした時間の生かし方は、ドイツに留学した時も同じだった。学位を取るための勉強は勉強として集中して行ない、それ以外の時間には教養を広げるための読書などに費やした。共に留学した仲間の中には、「もっとやることはいっぱいある」と、学位を取るための勉強を二の次にしてしまった人もいる。そのために、とうとう学位を取らないままに終わってしまった例も少なくない。

学者を志して、若い時に学位論文をまとめることをしなかったことがよかった例など、まずないだろう。このような例から見ても、やはり、他律的な時間と自律的な時間のバランスが大事なのである。

週末は確実に手に入る〝最高のボーナス〟

学生にしてもビジネスマンにしても、平日にまとまった時間を取るのはむずかしいことだ。したがって、週末の時間をどう使うかがポイントになるだろう。

しかし、妻子持ちの人たちであれば、「週末は家庭サービスをしなければ……」と思うかも知れない。

だが、本当は家庭サービスをするために奥さんがいるのである。「週末こそサービスしてもらわなければ……」というくらいに意識を変えたほうがいいだろう。知的生活を目指すならば、家庭サービスは妻や子供たちから受けることにし、せっかくのまとまった時間を自分のために使うべきである。

「週末は時間のボーナス」と言う人もいるくらいだ。だから、その〝ボーナス〟はお金と同様、計画的に使いたい。計画的に使うかどうかで、生活の満足度も天と地ほどの開きが出てきてしまうのだから。

例えば、銀行マンでありながら、次々と小説を書いている山田智彦氏の生き方などは大いに参考になるだろう。

山田氏は昭和十一年生まれ。早稲田大学文学部を卒業後、銀行に入行し、勤務のかたわら創作活動に励んだ。そして、『偽りの帝国』（小学館）『男たちの転機』（プレジデント社）『重役室25時』（角川書店）などの作品を相次いで発表していった。

山田氏は「時間がある時に書くのではなく、決めた時間にきちきちっと書く。あらかじめ決めた時間の枠を小説を書く時間として確実に守る」という、時間活用に対する自分なりの考え方を持っている。

時間に対する明確なポリシーがあるからこそ、銀行に勤務しながらあれだけの小説を書くことができたのだろう。もちろん、週末の時間を最大限に活用したであろうことも、容易に想像できる。

この〝復元力〟があれば、もっと柔軟な発想ができる

さて、もちろんあらかじめ決めた自分の時間の枠が守れない場合もある。このような時に、また守れるかどうかという「復元力」が問題となる。この復元力があれば、自分の時間を有効に使うことができると言えるだろう。

私は毎日、真向法(まっこうほう)(四つの体操を組み合わせる健康法)による体操を健康維持に役立てているが、忙しくてやれない日もあれば、どうしてもやりたくないという日もある。そういう時は、やらないほうがいいと割り切っている。

勉強にしても、あるいは仕事以外に追究している自身のテーマにしても、物理的にどうしても時間が取れない場合も出てくるものだ。しかし、それについて深刻に悩む必要など微塵(みじん)もない。むしろ、「できない時もある」と割り切ることのほうが肝心だ。なかには強

迫観念からノイローゼ気味になるような人もいるらしいが、そこまでいくと何のための知的生活かもわからなくなってくる。

要は、復元力があるかどうか。あらかじめ決めた時間を活用することに、再び戻れるかどうかなのである。私も真向法で体を動かすことを、長い時には半月ほど怠ることがあるが、それでもまた始めるということを繰り返している。

真向法のおかげで、私は六十七歳の今でも、股を開いて臍(へそ)から顎(あご)まで床につけることができる。真向法で身体を動かしていなかったら、そんなことはとてもできない身体になっていただろう。

これは、中断することがあっても、「復元」し続けたお蔭である。頭をフレキシブルにして対処することも大切なのである。

禅宗に「悟り」というものがある。心をとらわれまい、とらわれまいとして結局とらわれる。「悟らねばならぬ」と思っているうちは結局、何も悟れない。そういった話を聞いたことがあるが、もっともだと思う。だから、とらわれるものがある時にはとらわれたほうがよいことになる。それが本当の悟りというものだろう。

枠が崩れても、また元に戻ればいいと柔軟に発想し、時間を有効に使うことが大切なのである。

退職後に〝輝いている〟人たちの秘密

それから、ビジネスマンが自律的な時間を創造できるか否かは、仕事以外に「志」があるかどうかが決め手となる。これはもちろん、本職としての仕事をおろそかにするということではない。

他律的な時間としての仕事に情熱を傾けることができるからこそ、自律的な時間の価値がわかるからだ。自分の仕事も満足にこなせないようでは、自律の時間に何をしようとも、真に有益なことはできないに違いない。

この仕事以外の「志」は、本職をリタイアしてから輝いている人を見れば理解できるだろう。私は昭和五年生まれだが、はからずもこの五年生まれに、退職後に〝輝いている人〟が多いようだ。

例えば、国際政治評論家の岡崎久彦氏（元・駐タイ大使）、経済評論家でソフト化経済センター理事長の日下公人（くさかきみんど）氏（多摩大学教授）、評論家の佐々淳行（さっさあつゆき）氏（元・内閣安全保障室長）などなどである。

また、一年早い昭和四年生まれだが、前述した関西大学文学部名誉教授の谷沢永一氏も

〝輝いている人〟の一人に挙げておきたい。いずれもそれぞれの分野で頂点を極め、キャリアを積んだ人たちだ。

彼らに共通しているのは、本職としての仕事に邁進し、その方面の第一人者になるだけにとどまらず、絶えず視野を広く持ち、読書に励んだり、自らの関心を持続したということだろう。

この〝偉材〟たちの著作の原点は「時間管理術」に尽きる

例えば、国際政治評論家の岡崎久彦氏は、東大在学中に外交官試験に合格。昭和二十七年外務省に入り、防衛庁参事官、駐米公使などを経て、五十九年六月に新設された外務省情報調査局長、同年十月駐サウジアラビア大使、六十三年十月駐タイ大使を歴任した。そして平成四年九月に退官した。

この間、在韓大使館勤務時代に著した『隣の国で考えたこと』（中央公論新社）で昭和五十三年度日本エッセイスト・クラブ賞を受賞している。韓国についての勉強を徹底的にして本にまとめたものだが、それまでの日本人が書いた韓国に関する本の中では、最も優れたものとして高い評価を得た。

大著『陸奥宗光』（上下巻、ＰＨＰ研究所）も日本の歴史を知る基本的な文献として賞を与えられている。著書には他に『国家と情報』（文藝春秋）、『戦略的思考とは何か』（中央公論新社）などがある。

また、外交官としての経験をもとに、現在は日本の近代史の執筆に取り組んでいるという。最近出た『小林寿太郎とその時代』（ＰＨＰ研究所）は日露戦争前後の外交史として古典的価値を持つことになろう。

その毎日の多忙な生活の中で、マスコミにもしばしば登場しているが、氏の見識には聞くべき「言」があるのは言うまでもない。

経済評論家の日下公人氏は、昭和三十年に日本長期信用銀行に入行。五十年に業務開発第一部長、参与を経て五十八年に取締役となった。もちろん銀行マンとしても優秀だった。五十九年にソフト化経済センターが設立されると同時に専務理事となり、平成五年には理事長に就任している。

現在、多摩大学の教授を務めるなど氏の幅広い活動には定評があり、その評言は独特の〝日下節〟として多くのファンを持っている。著書も数多く、『新・文化産業論』（ＰＨＰ研究所）では第一回サントリー学芸賞（昭和五十四年）に輝いているほどだ。

日下氏の活躍は今さら言うまでもないが、銀行家というメインの井戸がありながら、他にも多くの井戸を掘り続け、その結果、評論家としての地位を不動のものとするまでに至ったのである。

やはり、銀行マン時代に日々の業務に精進する一方で、極力自律的な時間を創造し、識見を豊かなものとしたからだろう。頭の下がる思いである。日下氏が少年時代から興味を持っていた飛行機、特にゼロ戦をテーマにした近著『失敗の教訓――もう一つの〝ゼロ戦〟論』(WAC)は、現代日本の社会の欠陥とゼロ戦の失敗が見事に相似形をなしていることを示している。

評論家の佐々淳行氏は、昭和二十九年に警察庁に入庁。警視庁、警察庁の外事・警備課長などを経て、五十年に三重県警本部長、そして警察庁刑事局参事官を歴任した。

この間、東大安田講堂事件、連合赤軍浅間山荘事件、ドバイ・シンガポール事件などのハイジャック事件や金大中事件、連続企業爆破事件などの捜査を指揮した。

その後、六十一年七月に初代内閣官房安全保障室長となり、平成元年六月に退官した。氏は〝危機管理〟のワードメーカーとして知られ、『危機管理のノウハウ』(全三巻、PHP研究所)はベストセラーにもなった。危機管理理論の日本における最高権威と言ってもいい。

警察の要職と言えば、きわめてハードな仕事だろう。そうした仕事を決しておろそかにせずに、思索する時間をつくり、危機管理という特異な分野の理論構築に熱心に取り組んだ。それが氏の退官後の目覚ましい活躍を支えているのは間違いない。

関西大学文学部名誉教授の谷沢永一氏は、たいへんな読書家で該博な知識の持ち主である。日本近代文学を専門とし、近代日本批評史の分野では比類なき権威として知られる。独自の書誌的評論方法を築いたことでも定評がある。

もちろん、『紙つぶて』(文藝春秋)、『「正義の味方」の嘘八百』(講談社)など著書も多く、昭和五十五年にはサントリー学芸賞(文学・芸術部門)を受賞している。独自の評論方法を築くという堅い「志」が、氏のバックボーンになっているのは確かだろう。そして狭義の近代日本文学と並行して、近代の日本思想史に関する最も重要な本も出しておられる。

新しい欲がまた「次の欲」を生み大きくなる

私自身、専門以外の分野でもたくさんの本を書いている。その「志」の原点について紹介しておこう。

ドイツへの留学から帰国した昭和三十年当時、実用的に外国語ができる人は、きわめて少なかった。そこで、外国からの要人が来日すると、通訳の依頼が舞い込む。私はドイツ語と英語ができ、しかも若かったために頭の働きも今と違って敏活だった。口も今よりよく廻った。

政府関係者や偉い人の依頼でその通訳を引き受けるのだが、なぜかむなしくなってしまった。それは、通訳をするたびに「日本を代表するような偉い人なのに、この程度のことしか言えないのか……」と強く思うようになったからだ。

だったら、私自身も積極的に主張し、世の中にアピールしたい。そんな思いが募るようになった。私自身の「志」が芽生えてきたのである。この「志」を維持したために、専門以外の分野でも多くの本を書くようになったと思っている。

特に私は、戦後に発言がタブーとされた分野である、第二次世界大戦を中心とした日本の歴史に興味を持ち、長く追究してきた。第二次大戦における日本の位置づけなり、世界史的意味といった知識については、今の政治家の間でもないに等しい人が少なくないように見受けられる。

こうした当時のことを本当に理解しているのは、岸信介級の政治家しかいないと言ってもいいくらいだ。

無知の根源は歴史を知らないことにある。そんなことから日本歴史を研究・追究し、書にして世に問いたいという気持ちが私の中で高まった。日本人のアイデンティティーの問題を、比較文化的に見るというのも、この四十年来、私の頭を去らないテーマである。

「物事の真実」に耳を傾けるための沈黙としての余暇

さて、これまでは時間の効率的な使い方を「他律」と「自律」という時間のとらえ方で見てきた。そこでここでは、知的生活を楽しむ上では欠かせない「余暇」を特に取り上げてみたい。

余暇について哲学的な考察をした現代人は、ドイツ・ミュンスター大学名誉哲学博士のヨゼフ・ピーパー教授だ。彼の余暇論は、『余暇と祝祭』に詳しく紹介されている。

私がドイツへ留学していた時、ピーパー教授の哲学の講義を聴いたことがある。ピーパー教授の講義がある時は、大講堂が立錐(りっすい)の余地もないほどいっぱいになる。学生ばかりか、市民も聴講にやって来るからだ。

そのピーパー教授が余暇についての講演を行なうため、日本にやって来たことがあった。この時、私は通訳として一緒に各地を回った。ピーパー教授の思想は、比較的、親近感を持って日本でも受け入れられた。それは、彼の余暇論が、カント的、あるいはカントに始まる近代ヨーロッパの主流的な余暇論観を根本的に覆し、キリスト教的な余暇論に立ち返った思想だからだろう。

例えばカントは、能動的知的活動第一主義を主張する。カントの認識論では、人間の知的な「認識」の働きは、はじめから終わりまで理性の能動的な働きの積み重ねであり、決して受動的ではない。

したがって、「認識すること」、そして「哲学すること」はまさしく知の「能動的な働き」であり、「労働」であると理解した。つまり、「労働」に対する「余暇」は「能動的でない働き」として、価値の低いものと見なしたのである。

こうしたテーゼに対してピーパー教授は、キリスト教的な立場から反論を唱えた。例えば、本当に尊い認識というのは、それは人間の努力で得られるものではない、それは与えられるものだ、恩寵（神の恵み、賜物）によって与えられるものである、受け身で受け取るものは、努力で得られるものよりも尊い――などという中世のキリスト教の観想の理念を明らかにしたのである。

ピーパー教授は、活動としての労働に見られるような、自分から働きかけて手に入れたものだけに価値を認める態度とは反対に、余暇は「非・活動」「内面的なゆとり」「休息」「ゆだねること」「沈黙」として価値のあるものと見なしている。余暇とは、「物事の真実に耳を傾けるためにはどうしても必要な、あの沈黙の一つの形と言える」と語っているのである。

余暇を沈黙にたとえるのは、存在するものに対して自らを開き、受け入れ、耳を傾ける態度、つまり直感や「コンテンプラチオ」（瞑想——日常生活のあらゆる心づかいや関心を離れ、小さな自我を抜け出ることによって、世界をあるがままに眺め、その創り主に触れること）を通じて、存在するものの内部に入っていく態度を言い表わすため、とピーパー教授は説明する。

ピーパー教授が沈黙の価値を語るのは、人間についての、あるいは神についての、一番尊い認識が、その沈黙のプロセスにおいて与えられるからだ。こうした考え方は、カントやマルクス主義の思想とは根本的に異なる。

結局、余暇というのはその本質においては労働に劣らず、むしろある意味では労働よりも高い価値があると鋭く指摘しているのである。

〝腰を伸ばす時間〟として余暇を愉しむ

余暇の本質とは何なのか。『余暇と祝祭』の中（「余暇の本質」）で、ピーパー教授は以下のように考察している。

「『余暇』は『労働』の概念に含まれている社会的機能、実益への奉仕という側面に鋭く対立している」

「『余暇』は何によって正当化されるかと言えば、労働者が余暇を持つことでスムーズに、『事故なしに』働くことができるからというのではなく、むしろ余暇を持つことで人間性を失わない、ということが大事なのである」

「言い換えると、『余暇』のお蔭で労働者は、特定の労働機能に縛られ、狭い環境の中に閉じ込められたままにはならない。むしろ、労働者はそのような状態から解放され、言わば世界全体を眺めわたし、存在するすべてのものと交わり、そして一体となることができる」

「したがって、『余暇』を持ち得る能力は、人間の魂の根本的な能力の一つなのである……この能力は（深い眠りのように）私たちを元気づけ、新たにして、一日の仕事へと送り出してくれる。まさに真実の『余暇』だけが、あの『目に見えぬ不安』がただよう閉ざされた世界を後にして、『自由な世界へ至る門』を開くことができるのだ」

そして、最後にこうも言っている。

「人間は自力でそれ（余暇）を勝ち取るというより、贈物として受け取るのである」

ピーパー教授は、『余暇と祝祭』の本文を「だが神々は、労苦をになって生まれついた人間の種族を哀れみ、その労苦からの休息になるように、神々への祭礼という気晴らしを定めてくれました。さらにまた神々は……」というプラトンの引用で始めている。

人間たちが一年中、腰を曲げて農作業をしているのを哀れんで、神々たちは巡り来る毎年の祭日に人間たちの腰を伸ばさせて楽しむようにした、というわけだ。

したがって、ピーパー教授の言う余暇とは、「この地上で生きなければならない人間が、食べるために農作業に従事しているところから解放され、腰を伸ばす時間であり、神と交わる時間である」ということなのである。

ピーパー教授はプラトンの言葉を引用することで、「『余暇』の本質、その中核は『祭りを祝うこと』にあると言える。……もし、『祭りを祝うこと』が『余暇』の中核であるとしたら、『祝祭』を成立させる基盤がそのまま『余暇』の基盤にほかならない、という結論になる」と指摘する。

例えば、昔の日本の農業は、たいへん過酷なものだった。稲作一つを取っても苗代（なわしろ）づくりから田植えに始まり、炎天下での田の草取り、そして秋の稲刈り。そのすべてが腰を曲げる作業である。私もそんな体験をしたが、ようやく腰が伸ばせるころに秋祭りがやって来る。

そして、腰を曲げ続けて働いてきた村の人々は、晴れ着を着て腰を伸ばし、鎮守の森に出かけてお参りし、踊ったり、奉納相撲を取ったりする。これが村の「祝祭」であった。まさに、プラトンの言葉どおりであり、ピーパー教授の指摘するとおりだ。

そこから導き出されるのは、余暇というのは単にリクリエーション（休養）する時間ではないということである。

自分の興味の幅が余暇の充実度を決める

では、現代に生きる私たちの余暇利用法を考えてみよう。まず「余暇」というのは、自分自身の人生そのものであると認識することが大切だ。なぜなら、自分自身が自由にそれをどう過ごすか決められるからだ。それが大満足の時間であったとしても、不満いっぱいの時間であったとしても、その責任を取るのは自分自身。働いている時間は他人に売った時間であり、思うままに過ごすことはできない。自由に過ごすことができる余暇は、だからこそ、貴重なのである。

余暇と言えば、すぐにスキーやゴルフ、旅行といった日常からの離脱をイメージする。しかし、それは長い自由時間のうちのほんの一瞬に過ぎない。余暇が本来の「自由な時間の活動」であるなら、自分が面白いと思うもの、意味があると思うものがそのまま余暇になる。だから、余暇はもっと多様化していいはずだ。

例えば、ボランティア活動に参加するのも一つの方法である。水辺を清掃したり、石垣を積んで歴史景観を再生する、茅葺(かやぶ)きの屋根を補修するなどといった活動は、自分にとっての意味探しという動機が強く働いている。もちろん、参加者の意識の持ち方なのだが、これこそ立派な「自由な時間の活動」と言える。

イギリス人とガーデニングは、切っても切り離せないものだ。生活とあまりにも密着しているから、余暇とか趣味という言葉では表わせないレベルのものである。電子機器や通信機器の中堅貿易会社を営んでいるイギリス人の知人も、その例にもれずガーデニングで充実した余暇を過ごしている。

土日は、よほどのことがない限り仕事はしない。ウイークデーも、家にまで仕事は持ち込まないようにしている。三人の子供がいるため、平日の夕食後や休日は家族と一緒に過ごすことを最優先にしている。土日は、庭の樹木や季節ごとに咲く花の手入れをすることが「とても充実した時間になる」という。「夏時間で日が長いウイークデーの夕刻、庭でいろいろやっているとリラックスできて、なかなかいいもの。没頭してしまって時間を忘れることもしばしば」と語っているほどだ。

彼にとっては、ガーデニングが日ごろの雑務を忘れさせ、心身のリフレッシュを図る大切な時間なのだろう。休日はただ家でゴロゴロすることに決めている、などと言うなかれ。余暇はあなたの人生そのものの反映なのである。だとしたら、どうすればいいのかがおのずと理解できるだろう。

単なるリクリエーションでは得られない〝深い愉しみ〟

ところでリクリエーションという概念は、産業化が進んだ十九世紀末から二十世紀にかけてのイギリスで生まれた。すなわち、都市に住む労働者たちが、劣悪な生活環境を強いられ、そのため健康も害している、そこで、リクリエートするために、休養する場所や時間を設けようというものだった。

それはそれでいいのだが、しかし「余暇」は単なるリクリエーションとは違う。余暇は、本質的に「規律ある余暇」でなければならないだろう。精神性をともなった余暇であり、例えば、座禅を組んだり、お茶をたしなんだり、将棋や囲碁を楽しんだりといったことは、その典型的なものだろう。

規律ある余暇は、人間を堕落させないために最も重要なことではないか。仕事をして疲れた後に冷たいビールを皆で飲む、などといった気分的なリリース（解放）もいい。ハイキングやゴルフなどのリクリエーションもいいだろう。

しかし、長期間にわたって余暇の時間を持てる人は、基本的に規律ある余暇を心がけなければならない。特に長期の夏休みがあるような学生や学者、学校の先生などは規律ある余暇が何よりも重要となる。

ただ単に無為に過ごすなら、限りなく堕落してしまうからだ。

頭をリフレッシュさせる特効薬

もちろん余暇は心身の効率的な〝再生産〟に絶対に不可欠なのだが、「頭に休暇を与える」ことも忘れてはならない。私にとって、一番の頭のリフレッシュになると思われるものを紹介しよう。

私は、まったく風土の違ったところに出かけるという旅行、つまり海外旅行をすることが心身のリフレッシュになると実感している。日本語を使わないところに行くと、明らかに若返るような気がする。

なぜなら、言葉から食事に至るまで、すべてをその国に合うように適応し直さなければならないからだ。人間の持つ適応能力の総動員と言っても過言ではない。それは脳味噌と肉体のリクリエートなのである。

日本での食事とはまったく違ったものを食べ、違った空気を肺に入れ、違った水やワインを飲む。肉体の全細胞は適応を迫られる。

もちろん、外国語をしゃべらざるを得なくされることによって、脳細胞も適応を迫られるのである。

海外のホテルで、私は日本にいた時にはなかなか読めなかった本を朝早く起きて読み出す。これこそ私にとっては至福の時なのである。疲れ切った頭も本当に生き返るような気がするのだ。

今でも懐かしく思い出す例を挙げてみよう。ドナウ川が見下ろせるハンガリーのブダペストのホテルでは、朝日の上がる前からシュペングラーの『西洋の没落』の第二巻を読み出した。ベルリンの壁が崩壊する前のブダペストの朝はとても静かで、朝早く起きるのが無上の喜びでもあった。

「西欧文化は、今や最後の『文明』の時代に突入したのであって、その兆候は至るところに見られる。文化はあたかも生物のように生まれ育ち開花し、やがて没落する……」――『西洋の没落』の中のこんな一節を深い感慨の中で読んだものである。

そして、西欧のみならず、日本の運命をも新しい視角から見えるようになった気がした。

また、早春のヴェニスでの早朝、運河に面した静かなホテルで、チェスタトンの『ブラウニング伝』を読んだ時、ブラウニングが突然、わかったような気がすると同時に、チェスタトンの天賦の才能に触れた実感がした。『西洋の没落』にしろ『ブラウニング伝』にしろ、違った環境の中で読んだ本だから、強烈な印象を持ったのは当然と言うべきだろう。

今はずいぶん気軽に、しかも安く海外へ出かけることも可能になった。違った環境に身を投じることが、日本の経済的な繁栄のおかげで容易になったのである。これを心身のリフレッシュに大いに活用したいものである。

作家の曾野綾子さんは、砂漠での自らの体験が人生観も国家観をも変えたと軽妙洒脱(しゃだつ)に書いておられる。

結局、日本から離れることは、気分転換のリリースにもなれば、言葉や食事が変わることで全細胞が適応し直すためにリクリエートにもなる。そこに、ある程度の「規律」を吹き込めば、最高の余暇になるだろう。

7

情報を活かす人、情報を活かせない人

情報という言葉を聞くと、思い出すことが一つある。それは、松下電器産業の創業者である松下幸之助氏が、「コンピュータが出現してから、どうも景気予測が当たらなくなった」と言われたことである。

松下さんは何を言いたかったのだろうか。確かに、コンピュータが出現するようになった社会・経済状況は、複雑過ぎて予測がむずかしいとも解釈できる。

しかし、松下さんは、コンピュータは膨大な情報を提供するが、それを予測のデータとして有効に活用するのはむずかしく、またコンピュータの情報に頼り過ぎると真実の姿を見失う、ということを実感として言いたかったのではないだろうか。

コンピュータは、情報処理能力に関して言えば、それこそ人間の知力をはるかに超える量を保有できる。だが、コンピュータはベースとなるべきデータを入力しなければならない。それがなければ、ただの箱に過ぎない。

例えば、複雑な物理現象的なことに関しても、コンピュータは十分に対応できる。スペースシャトルのような宇宙ロケットを制御するデータなども、すべて記憶することができるのである。したがって、こうした分野におけるコンピュータの情報処理力、威力は絶大なものがある。ところが、景気予測をはじめとして、一般社会現象についてはどうだろうか。そこに潜む要素の複雑さは、月にロケットを打ち上げるのとは本質的に異なり、計算し切れない部分が多くある。

ロケットを制御するのに必要な情報処理は、確かに膨大ではあるが、有限と言ってよい。しかし、社会・経済情勢に関するそれは、いつ何がどこでどうなるかわからないという無限の要素を持っているのである。

まずは自分の〝興味の波長〟をしっかり決めること

例えば、金の価格について考えてみよう。どんなに精密な予測をしたとしても、金産地のどこかで内乱が起きたり、あるいは誰も予想しなかったような大金鉱が発見されたりしたらどうだろう。おそらく、その精密な予測も大きくはずれることになる。

商品開発の世界でも、いつどんな発明があるかわからない。そして、技術開発されたものがどんな新しい製品となって市場に送り出されてくるかは、まったくの未知数と言ってもよい。したがって、未来予測に必要なデータをコンピュータにすべて打ち込むことは、理論上不可能なのである。

そうしたコンピュータの限界をきちんと理解した上でこれを使うならば、十分に補完的な役割を果たすだろう。しかし、そのコンピュータに頼り過ぎると、かえって間違いを犯してしまうことにもなる。

インプット可能な要素が無限にあるということは、我々が生きている人生そのものである。

だからこそ、何をインプットするのかが大きな問題なのである。つまり、情報の取捨選択には、そこに情報を必要とする人の決断、あるいは意思が入ることになる。

情報というのは、あればいいというものではない。無限の情報は、逆に言えば、情報がまったくないのに等しいということにもなる。そのために、無自覚な状態で情報に身をゆだねることはきわめて危険なのである。

むしろ、まずは自分自身のテーマなり、問題意識を明確にさせることが重要だ。これがはっきりしていれば、本当に自分に必要な情報が見えてくるものである。

例えば、ふだんから周囲に自分が今何に興味を持ち、関心を抱いているか、ことあるごとに伝えるようにする。そうすると、自分のところに自然と情報が集まってくるものだ。だから、自分自身のテーマなり問題意識は、積極的に周囲に伝えることが大切である。仕事を終え、同僚であれ上司であれ、互いに酒を酌み交わした時などは、会社のグチをこぼすのではなく、自分が今何に関心を持っているのかを話す。

それは何でもいいだろう。ただし、より具体的にテーマを示すことが肝心だ。例えば、多くのサラリーマンは、401kなどの年金制度改革の今後に興味があるのではないだろうか。

しかし、その程度のことを言っても、毎日の新聞やテレビ、雑誌などで報道される以上の話題には発展しないだろう。そこで、具体的に「私は、投資信託などでの資産運用について調べている……」と投げかける。

もしも相手に株式投資、投資信託の経験があれば、それについての情報を提供してくれるだろう。参考となる書籍も紹介してくれるかもしれない。株価や金融商品の動向についても、もっと注意を払うことになるかもしれない。

今この空間を飛びかっている情報は、それこそ無限に存在する。例えば、ラジオでそれをとらえようとすれば、ちょうど波長が合った放送だけが入ってくる。比喩的に言えば、まさしくこれに等しいのではないだろうか。

だから、まず自分の欲する波長を決めることが重要なのであって、そこから自分自身が真に必要とする情報を集めればよいのである。

情報を生かせる人、情報に振り回される人

全世界的なコンピュータ・ネットワークであるインターネットが活用されるようになってから久しい。私自身はまだ、インターネットを十分に活用しているとは言えない。最近の私の学生たちの中には、インターネットでメールを交換したり、ホームページを開設したりする学生もいるから、その意味では、私などかなり時流に遅れているのかもしれない。

確かにインターネットは、情報収集をするには有力なツールと言えるだろう。電力会社の広報部門で働く私の知人の友人であるMさんも、インターネットを仕事に役立てている一人だ。「広報は情報をいかに多く収集し、先を見通すかが大事で、広角に関心を持っていたほうがいい」として、ここ二年ほどは、インターネットを使って必要な情報を自宅でも入手しているという。

電力会社は原油や為替相場によって事業収支が大きく変動するなど、世の中の動きに密接につながっている。さまざまな動向について、上司への報告を求められる場合もある。そんな時にもインターネットが役に立つとMさんは語っている。

例えば、動力炉・核燃料開発事業団の東海事業所で火災爆発事故が起きた時のこと。事

故の発生は夜八時ころであったが、インターネットで情報を得てとりあえず概要を把握、オーストラリアに出張中の社長に急いでファクスを入れたという。こうした時の情報の迅速な収集という意味では、インターネットの効用は計り知れないと言えるようだ。もちろん、こうした対応のできたMさんの評価が高まったであろうことは容易に想像できる。

インターネットに象徴されるように、生の情報自体は昔とは比べものにならないほど豊富になっている。したがって、情報を集める努力もさることながら、いかにいらない情報を捨てるかも、情報を活用する上でのキーポイントと言える。

芸術、とりわけ彫刻の分野では、昔からどれだけ捨てるかがたいへん重要な問題だった。例えば、大理石を前にして、これは非常に大切なものだから、などと言っていては彫刻は生まれない。思い切って多くの部分を削り取り、捨て去ることで大理石の像が生まれてくるのである。

情報の活用という面においても、そうした姿勢なり、心構えが重要だろう。

「関心のブレークダウン」を試みるのも一つの手

私は学説史を本職としている。今から五十年前の状況を考えた時、ある学説史のテーマを扱った文献をすべて読むことは、おそらく不可能ではなかったろう。少なくとも、テーマを限定して決めれば、それは可能だった。関係資料文献のすべてを読むということも、テーマの限定の仕方によっては、比較的容易にできることでもあった。

しかし、時代は大きく変容した。もしも今、あるテーマで論文を書こうとして関係文献を集めようとする。そうしたら、これは一生かかっても読めないような文献リストがすぐにもできるに違いない。

その中から、自分のテーマに関係した本当に重要な文献を絞っていくにはどうすればよいか。

そのためには、逆説的に、いかに不要な文献を読まないですますコツとは何か、を発見することであろう。具体的には、あるテーマを掲げた場合、それに関係した名著と言われる文献がある。この文献を読み、自分が最も刺激される部分に注目する。

その刺激を受けた部分はきわめて限られたものになるだろう。自分自身の関心をブレークダウンしていくわけだが、その結果、参考文献が絞られていくわけだ。こうして絞られた文献のすべてを読むことは、そうむずかしいことではない。

そこからさらに、読まなければならないもの、逆に読まなくてもよいものがわかってくる。つまり、自分の追究しているテーマの姿が徐々に見えてくるのである。この段階になれば、文献にさっと目を通しただけで、要不要の判断ができ、不要なものは即座に捨てることもできるのである。

これはビジネスマンの場合も同じだろう。今抱えている仕事に必要な資料は何なのか、何をそろえればいいのかがわかっていれば、不要な資料など集める必要はないわけだ。要は、仕事のテーマを絞り込んでことに当たっていくという姿勢が、情報収集においては重要になるのである。

〝情報の捨て方〟に有能さが問われる時代

私の場合、情報の対象になるのは、極端に言えば私自身の関心のある分野だけである。すなわち、英語学、英語史、国語関係、それに英国史などである。これらの情報はいつでも使える状況にしておかなければならないと心がけている。

今から二十数年前、当時の日本史のとらえ方に納得がいかず、日本史を書き始めたことがあった。すでに私は、日本史の通史を三巻、近代史では二巻を出している。通史としてはじめに出したものは、古代の日本をどう考えるかというテーマだった。

例えば、神道や聖徳太子について、日本史における意味や世界のものさしから見た意味など、可能な限り資料を集め、調べたものだ。独自の視点でとらえたものとして、専門家たちからも相当の評価を得たと思っている。

また、源頼朝や北条政子についてもしかるべく資料を集め、自分なりの分析をした。専門家として研究したわけではないが、私自身の独自の解釈、見方ができたと思っている。したがって、今後、これらの分野に関して新しい資料を集めたりすることはないだろう。私の書庫からも、日本史関係の資料の大部分を整理することができると思っている。

ライフワークとしての分野の情報は、つねに高いアンテナを張りめぐらして収集し、いつでも取り出せるように整理しておく。しかし、短期的な研究や調査などに関しては、その成果を一応自分の満足のいくようにまとめ上げれば、そこでピリオドを打つほうがよい。極端に言えば、その時点で集めた資料を思い切って整理してしまうことである。自分なりの解釈ができれば、資料など保存しておく必要はないわけだ。

私は、今から四十年前くらいに、自分の専門に関係のある本はなるべく集めようという決心をした。その決心のもとに、関係書籍を集めてきたが、どうしてもその書籍を置いておくための空間的な限界が出てくる。それに、長く温めてきたテーマであっても、年齢的なことからとても一生のうちには扱えないといった問題も出てくる。

資料の置き場所の限界と年齢の問題。つまり空間と時間の問題、この二つを考慮すれば、捨てることがいかに重要かが理解できるだろう。

したがって、今の私はもっぱら情報の捨て方にウエートを置いている。いかに集めるかではなく、いかに捨てるかに力点が移っているのである。

ビジネスマンであっても、自分の専門分野の勉強のため、さまざまな資料を集めなければならないこともあるだろう。専門知識を吸収するため、書籍を買い集めるということもあるはずだ。

その場合、専門書籍を置く空間を部屋の片隅にでも設ければ、解決すると思う。しかし、関連の雑誌や新聞まで集めるということになると、やはりいかに捨てるかのほうが重要になってくる。

情報を「うまく生かす人」は結局、「うまく捨てる人」ということになるのである。

自分の頭を刺激し続ける情報・資料は身近に置く

もっとも、私は創刊号から購読している雑誌（『諸君！』や『言語』など）もあり、これらは捨てずに拙宅の書庫に保存している。半分惰性で持ち続けている部分もあるが、今後も出版社が発刊し続ける限り、書庫に積み上げていくことになるだろう。捨てるには忍びないからではあるが……。

考えてみれば、図書館というのは雑誌なども毎号ストックしている。何も個人で保存する必要などないのであって、自分の関心のある記事が掲載されている号だけがあればよいのである。

ただ、私の場合、そう自分に言い聞かせることはできても、かれこれ二十年以上も続けてきたことを急に辞めるわけにはいかない。あまり参考にならない号だからと言って、捨てるということはどうしてもできないのだ。

ある程度ストックした場合、きちっと整理しておくことも考慮しなければいけない。整理が行き届いていないと、自分の関心のある号を探し出すことがきわめてむずかしくなるものである。

急を要する時など、出版社に依頼して探してもらうこともあるほどだ。そのたびに、何のためにストックしてきたのかと悔やむこともしばしばである。

そうした無駄を避けるために、自らの関心のあるテーマが掲載されている号は、目につくところに置いておくべきかもしれない。それだけで、自分自身の思考の刺激になり続けるという絶大な効果もあるからである。

データベース全盛の時代にあって、ある新聞記者同士のこんな会話が私の関心を引いた。

記者Ａ「なぜデータベースで必要な情報をいつでも引き出せるのに、わざわざ記事を切り抜くのか」

記者Ｂ「こういう形で手もとに置いておくほうが安心するんだよ」

インターネットやパソコン通信のデータベースで即座に情報を引き出せる昨今ではあるが、自分の関心のあるものについては、やはり本や雑誌の切り抜きという形で手もとに置くというのがベストと言えるのではないだろうか。

結局、資料があればいいというものではないが、無限の資料の中から、何が自分の頭を刺激し、興味を抱かせるかといったことが大事なのである。それには、やはり雑誌や本のように目に見える形にしておくことが、少なくとも私にとっては望ましいと考えている。

百冊の本を読むより、はるかに実り多い〝対話〟がある

情報の収集ということを考えた時に、私が今最も重視するのは、尊敬する知人との対話である。自分と対等、あるいは自分以上に知力のある人で、しかも専門の分野で傑出した人。そういった人たちとお茶を飲んだり食事をしたり、あるいは座談でもすることができれば、これは甚大なる利益を得ることができる。

こうした体験は、おそらく誰でもが学校生活を通して、多少なりとも持っているはずである。教師や教授、あるいは同級生の面白い話に興味をそそられたり、触発されたことが誰にでもあるのではないか。

大人の世界であっても同じことが言える。アイデアを自由に交換できる立場にあれば、尽きざるアイデアの泉を持っている方たちと巡り会う機会にも恵まれるものである。まるで水道のようにアイデアが流れ出てくる、そんな人と出会うことも珍しくはない。

程伊川（北宋の学者）の言葉に「一夜君と共に語る、十年書を読むに勝る」というのがある。私は幸い、偶然と幸運によってさまざまな分野の専門家とシンポジウムや対談で巡り会う機会に恵まれた。そうした経験で言えるのは、該博な知識を持った、優れた一人の専門家と対談すれば、自分の背の丈以上の専門書を読むよりも、はるかにすばらしい洞察やアイデアを得られるということだ。

もちろん、私自身がそれをしばしば体感したのは言うまでもない。

最近の例を挙げよう。前にも紹介した外交評論家の岡崎久彦氏との対談から、『賢者は歴史に学ぶ』（クレスト社）という本を上梓した。

この対談の中で私は、抜群に優れた知力と豊富な外交経験に裏打ちされた、きわめて洞察力に富む岡崎氏の言葉に深い感銘を受けたものだ。岡崎氏の見識・知識から見れば断片的な言葉であったとしても、私には十分に説得力のある言説だった。

例えば、中国の問題。人口から言えば、二十一世紀には最大の言語圏になるであろう中国に関しては、多くのシナリオが語られている。経済が飛躍的に発展し、経済大国になる。いや、内乱が起こるだろう、ひょっとしたら侵略国家になるかもしれない……。それこそ、無限の予測が可能である。

しかし、外交官経験が長く、歴史家でもある岡崎氏の指摘は、こうした議論を一蹴するに足るものであった。すなわち、

「中国を軸に考えると、限りないシナリオが考えられる。ただし、日米安保というものを中心に考えれば、シナリオはほとんど決まる。日本とアメリカの安保条約、つまり一種の軍事同盟ではあるが、これが揺るがないとすれば、中国としてはもはや選択肢は一つしかない。

世界第一位と第二位にランクされる経済大国が共同歩調を取るとすれば、中国の進むべきシナリオはほぼ断定できる。おそらく平和的な外交に徹し、戦争の可能性など皆無だろう。最終的には、平和的に共存していく道しかないというシナリオが選択される」――そんな話だった。

岡崎氏との対談で、私は中国の将来などといった現実問題に対して、座標軸をどこに置

いて考えたらよいかという基本的な姿勢を教えられた。

日本を座標軸にしても、中国を座標軸にしても、決定的なシナリオは見えてこない。ところが、日米安保という外交条約を基軸に考えれば、未来に起こり得るシナリオの範囲はぐっと狭まってくるのである。少なくとも、もし日本が安保条約を本気で考え、集団的自衛権を発動する体制を法的に整備していれば、おそらく今後何十年かはアジアの平和は保たれるだろう。

岡崎氏の言葉は、きわめて卓越したものだった。未来が明確に見えてくるという、示唆に富んだ言葉でもあった。この対談から、百冊の本を読む以上の知力を高め、洞察を得たのは言うまでもない。

よき師、よき友、よきコネがいい人生の〝三種の神器〟

人脈と情報ということに関しては、実業界の重鎮と呼ばれるような、経済を動かす力のある人の話がたいへんな情報になるものだ。私自身、バブル経済がはじけた直後に、小さな銀行ではあるが、実力会長と言われる人の話を一晩、聞いたことがある。

私は、経済に関しては素人と言っていいが、その実力会長は「二、三年後に日本経済、金融界はきわめて深刻な状況に陥る」と予見していた。バブル崩壊による銀行の体力低下と、それに対する大蔵省の行政指導の不適切さによる大銀行の経営破綻を予測していたのだ。果たせるかな、実力会長の話のとおりの状況となった。当時はまだ、新聞にも経済雑誌にも、バブル期以降の状況を的確に予測する記事は皆無だった。それだけに、その実力会長の話は、インパクトがあり、たいへんに貴重なものだった。

私は、テレビやラジオに出演し、当時の経済状況などについて、この実力会長の話をもとに発言した。それは、視聴者に驚きを持って受け入れられたようだ。

本当に物事を的確に理解している人の話を聞くことほど、視野を広げ、自身の洞察力を高めてくれるものはないだろう。それは、人間的な成長を図る、重要なヒントさえ提供してくれるのである。

通俗的ではあるが、よき師、よき友を選び、いいコネを持つ。それが結局、いい情報を運んでくれるのであり、人生を豊かにするのである。

世の中は決して〝理屈どおり〟には立ち行かないから……

情報や知識の生かし方に関連して思い起こすことがある。オーストリア生まれの経済学者であるフリードリヒ・A・ハイエク教授が、ノーベル賞を受賞した時の記念講演だ。タイトルは「The Pretence of Knowledge」。Pretenceとは「ふりをすること」で、Knowledgeとは「知っていること」。要するに、わかっているという自負、知ったかぶりという意味の題だった。

講演の内容は、人間の知力には限りがあるのに、わからないことまで知ったかぶりをするのが社会主義の本質であるというものであった。もちろん、この講演を社会主義に対する批判とだけとらえる必要はないと思う。

むしろ、私たちにとって大切なのは、ハイエク先生の思想の基本にある、「つねに〝知の驕り(おごり)〟を慎む」という謙虚な態度である。先生の思想を言い換えると、「人間の知力など、究極的に頼むに足らない」ということを知った上で、努力していこうというものだ。

ハイエク先生は、人間の頭脳はかなり複雑な思考に対応できるものではあるけれど、現実社会や経済活動などの複雑さに、対応し切れないところがある、と考えていたようだ。と言うより、そのような複雑極まりない社会をコントロールしようとして、たとえどんなすごい人が知力を振りかざしてことを運ぼうとしても、思わざる事態が起きてたちまちプログラミングが変更される——それが私たちの生きる、この社会であると考えていたのである。

これを言い換えるならば、つまり、世の中は理屈どおりには決して立ち行かないということなのだろう。物理学も経済学も、人間や社会の予測に関しては限界があるということを先生は警告してくれているようだ。まして、私たち凡人が、それらの学問や科学的思考が十分でもないのに、知力が絶対であると考え、不確かなそれに固執するのは、不遜な態度と言えるのではないだろうか。

話が大きく横道に逸れたが、こうしたハイエク先生の考え方は、私たちの情報の取り方や生かし方にも反映されるべきかも知れない。

8

頭脳鍛錬の基本
——記憶力・発想力を育てる

情報化社会の進展の表われだろうか、このところカバンにさまざまな電子機器を入れている人が増えてきた。ノート型パソコンまで持ち歩く人もいるほどだ。

私がカバンに入れている〝秘密兵器〟

その点私は、たいへん保守的であると言ってよい。何冊かの本と数本の鉛筆、スケジュール表、それに着替えのシャツが入っているだけだ。最近は、ラテン語の引用語辞書をコピーしたものも入れているが、およそ電子機器と呼べるものはない。

ただしスケジュール表は、私の行動予定を詳細に書き綴ったもので、それを見れば次に何をすればよいかが一目でわかる。私の行動をつねに管理してくれる羅針盤とも言える重要なものである。

ついつい一つのことに夢中になってしまい、次の予定を忘れてしまいがちな私にとって、このスケジュール表は欠かせない。私の秘書が分単位でつくってくれるスケジュール表だが、これがなければとても自らの行動を管理することなどできないと言っても過言ではない。

カバンの中身で言えば、ラテン語の辞書のコピーは珍しいと思われるかもしれない。これは、私がラテン語に興味を持っているからだが、頭脳鍛錬のためという一面もある。

私とラテン語とのかかわりは、今から二十年ほど前にさかのぼる。大学のサバティカル・イヤーで一年間の研究休暇を得ることができた時、イギリスやドイツの近世初期のラテン語で書かれた本を読もうと決心した。そういう文献には英語やドイツ語の訳が通常ないから、ラテン語をぜひとも早く読めるようになりたいと思ったわけだ。

ところが、その七年後のサバティカル・イヤーがやって来るころには、そうした私の志もすっかり失せてしまっていた。これには愕然（がくぜん）としたものだ。それで再び意を決し、五十代の終わりからラテン語の習得に本格的に取り組んだのである。

まず、ラテン語で書かれた三百ページほどのアングロサクソンの法律集の暗記を試みたのだが、これには三、四年を要した。それを二度繰り返した。その後は前に書いたフランシス・ベーコンのエッセイで、これにはたくさんのラテン語の引用がある。それを全部抜き出し、覚えたものだ。

そして、今取り組んでいるのがギリシャ・ラテン引用語辞典のラテン語の部分なのである。およそ八百ページくらいのものだが、これを暗記しようと頑張っている。

知力の根幹は暗記力――この驚くべき波及効果

このラテン語の暗記で発見したことがある。それは百七、八十ページほど進んだところから、急に暗記のスピードが速まったことである。

つまり、記憶力は年齢に関係がないということではないだろうか。現実に、六十八歳を過ぎた私の記憶力は格段に高まっている。タクシーやハイヤーなど車の中で覚えるのだが、はじめのころに比べ、数倍の速さで暗記できるようになっているのだ。

私が暗記にこだわるのは、「知力の根幹は暗記力」と確信しているからである。子供のころ、物覚えがいい子は頭のいい子だった。だが、物覚えがいいことだけを長所に大人になると、これは受験型というレッテルを張られてしまう。

その点、我々のような年齢になると、受験型などと言われる心配もない。暗記する時間も限られたものであり、むしろ頭の鍛練にうってつけと言えるのではないか。

不思議なもので、暗記力を高めると、波及効果も出てくる。ラテン語の暗記が速くなったのは、ラテン語の力がついたからだと解釈もできる。しかしラテン語の暗記に取り組んでから、ドイツ語の歌までも覚えやすくなっているのである。ラテン語の実力がついたからかもしれないが、少なくとも一つのことを集中して暗記していると、ほかのものまで覚えやすくなるという副次的な効果が出てくるようだ。昔ドイツにいたころに暗記できなかったドイツ国歌の歌詞も、三番まで楽に覚えることができた。

昔はなかなか覚えることができなかった七言律詩さえも楽に暗記できるようになった。例えば、平安中期の学者で今は天神様として尊敬されている菅原道真の代表作に「秋思の詩」というものがある。太宰府に左遷された時の断腸の思いを歌った、彼の有名な七言律詩である。

三十代から四十代にかけて詩吟をやっていた私は、この詩を見ながら朗詠したことがあるが、とうとう暗記することはできなかった。それが十分ぐらいで覚えられるようになったのだから、今さらながら暗記力は年齢に関係ないと思っている。

カラオケに行くのも立派な頭脳鍛錬になる!?

知的生活を楽しく豊かなものとするには、記憶力を高めることが重要と言えるだろう。あるテーマについて何か考えようとしても、その材料が頭に浮かばないと、前に突き進むことはできない。特に自分の考えだけで問題に対処しようという場合など、その材料が記憶になければ致命的だ。

記憶にあるというのは、すなわちいつでも頭の中からそのテーマに対応した材料を引き出せるということでもある。それは自分自身の思想の一部でもある。これが失われていないということは、つねに頭が活性状態にあるということを意味している。

最近、相次いで昭和史の本を二冊上梓したが、正味八〜九時間くらいの口述で三百数十ページの本となった。もちろん、後で日時を確かめたり、書き足したりしたものの、基本的に私が戦前、戦中、戦後を通じて読んでいた雑誌『キング』や、戦記や懐顧録などの記憶がベースになっている。すべて自分自身が実体験したような感覚なのである。

つまり、基本的に記憶力が衰えていないために口述ができ、半日で本にまとめることができたと自負している。

記憶力を高めるには、流行歌でも何でもよい。自分が興味を持っている身近なものに目を向け、暗記しようと試みてみるべきだ。流行歌であれば、覚えたかどうかを確かめるためにカラオケに行くのもいいだろう。歌詞を見ないで歌い切る。それだけで何かしらの達成感、到達感を得ることができるものである。

ただ、本気になってもっと堅いもの、むずかしいものにチャレンジするほうが張り合いもある。私のようにラテン語を暗記するなどということはしなくてもよいが、例えば興味がある外国語の名文などを覚えてみる。

電車やタクシーの中の細切れ時間を活用し、暗記するのである。細切れ時間は読書もよいが、時には記憶力を高める時間に充ててみてはどうだろうか。だから、カバンの中には記憶するべきもののコピーをつねに入れておくことをおすすめする。

外国語の名文などの暗記にチャレンジし、それを成し遂げると、前にも触れたようにほかのものまでスムーズに暗記できるようになる。これは毎日の知的生活をはるかに楽しませてくれる。

「時間の節約」に革命を起こしたテープレコーダーの活用法

かつて私は、テープレコーダーを肌身離さず活用していた。主に本をまとめる時だったが、特に文学的な趣旨ではなく、歴史本など内容をなるべく明快に伝えたい、内容だけをメッセージとして伝えたいという場合に、テープに吹き込み、それを起こすのに使っていたものだ。

人によっては、何かアイデアが湧いた時、それをすぐにテープに吹き込む、などといった活用をしているケースもあるようだ。最近はテープレコーダーもコンパクト化が進み、ひところよりは携帯することが苦にならなくなった。生活の場面場面で使い分けることもできる。

大学の授業中、テープレコーダーで教授の話を録音し、本人は居眠りしているなどという〝つわもの〟がいるとも聞いている。また、知り合いのマスコミ関係者の中には、「取材でテープレコーダーを間近に出すと、それが気になってなかなか本音を語ってくれない人がいる。そういう時など、背広の内ポケットにＭＤをしのばせて、会話を録音、後で確認している」という人もいるほどだ。

テープレコーダーの活用は、人それぞれで、まさに百人百様の活用法があると言える。ビジネスマンの場合、仕事の内容にもよるだろうが、最も効果的な活用法を考えてみるのも価値があることだ。

今の私は、テープレコーダーを活用するものの、口述したものは専門の方が起こしてまとめてくれている。最近は本もそうした共同作業によって生まれることが多い。莫大な時間の節約になり、自分自身の時間を有効に活用できるというたいへん恵まれた環境にある。テープに吹き込んだものをどう活用し、どう処理するかが、その後の問題となってくるわけだが、それはまた稿を改めることにしよう。

「世の中の仕組みが何もわかっていない」という不安

ところで、私は大学を卒業して大学院に入ったが、同級生の多くは就職をした。私は学生生活を続けることになったのに対して、彼らは実業の世界へと飛び込んだわけである。しばらくして私は、一種の劣等感にさいなまれてしまった。「世の中の仕組みが何もわかっていないのではないか……」と。実業界で忙しく働く同級生に対して、かすかな羨望を感じたのかも知れない。

そこで私は、書物によって世の中の仕組みを理解しようと決心した。最初に読んだのが『株の取引法』だった。株とは何か、どのように取引きされているのか、など株式についてのＡＢＣから読み始めた。さまざまな取引き上のテクニックについても勉強した。

そうした上で新聞の株式欄を見ると株価の動きがわかり、何となく世の中の仕組みが理解できるようになった。実際、株式投資も行なった。私の今ある多少の資産も、昔、実験的にやった株式投資で得たものがもとになっている。幸いに、株の実験にはそのうち飽きて、二十年も前にやめてしまったので、バブルの儲けとも、それがつぶれた時の損とも関係はなかった。

極端な話、私の専門分野以外のことについての本は、面白いか、面白くないか、あるいは役に立つか立たないか、などといったあくまでも個人的な判断と直感で読んできた。実業の世界に身を置いていない私は、本を通して世の中を見てきたわけだが、それを続けたお蔭で、今雑誌やテレビで社会・経済批評もやらせていただいている。

経済人でもなければ実業界の人間でもないが、世の中をそれなりに理解する努力は怠っていない。

〝自問自答〟するクセのある人の文章は味がある

吉田兼好の『徒然草』の序文にこんな文章がある。ご記憶の方も多いことだろう。

「つれづれなるままに、日ぐらし硯にむかひて、心にうつりゆくよしなし事を、そこはかとなく書きつくれば、あやしうこそものぐるほしけれ」

これは何を言おうとしているのか。つまり、自分がこれを書いたのは別に目的があるわけではなく、隠遁(いんとん)生活のわびしさに心に浮かぶあれこれを書いてみたということなのだろう。要するに、書くことが特になくても、思いのままに何かを書くことができるということを言っているのである。

確かに、そういう面もある。しかし、物を書く時は、やはり「何を書くか」が明確になっていたほうがよいであろう。

私が意識して文章を書くようになったのは、大学に入学してから、講義のレポートや論文をまとめなければならなかったからだ。その体験から言えば、先生からテーマを出された時、「よし、これを書こう」と頭にひらめいた場合は、思いのほか書きやすく、しかも出来もいい。

しかし、インスピレーションを受けることもなく、何となくまとめたものは、文章も曖昧で説得力に欠ける。単なる随筆ではなく、論文なのだから、書くポイントがぼやけておればそれも当然だろう。

出版社から、雑誌に原稿の依頼がよくくるのだが、テーマを示されて、すぐにパッと「これを書きたい」と浮かんだ場合には、何となくうまくまとまる。が、何も浮かばなければ、まとまりのない文章になってしまう。

なぜ、テーマを示されて、パッとひらめくのか。それは、ふだんから考えていたことと、そのテーマが見事にフィットしたということだろう。考えていたことが、示されたテーマとうまく結びつき、説得力のある文章になるのだと思う。

私自身が、いつも考えていることに結びついたテーマだから、何かしら私独自の発想が入るのではないか。それが話の芯になって、文章が展開していく。

その展開には、もちろん、学習したことの成果や参考文献などが影響するのだが、「最初に頭に書きたいものありき」がベストではないか。そうでなければ、何のために書いているのかわからない文章になると思う。

テーマを与えられて、パッと何を書いたらよいかひらめく、というのは確かに簡単なことではない。しかし、日ごろから、つねにいろいろなテーマを持ち、関心を持って自分なりの考えを確立していれば、それは決してむずかしいことではないだろう。

つねに物事に対して幅広く問題意識を持ち、それを追究しようという姿勢で臨んでいれば、自然と生きた情報も集まり、自分の考えもまとまるものだ。それが、私が文章を書く前の〝頭の整理法〟とも言えるように思う。

日ごろからテーマを持って生活していれば、何か文章を書く時に大いに役立つに違いない。社会のさまざまな問題に興味を持ち、観察眼を鋭く磨く努力をしていれば、それが、文章を書く時の材料となり、文章にハリを与えることになる。読み手を退屈させない文章を書く秘訣と言えるのではないだろうか。

つねに社会のいろいろなことに関心を持ち、その対象に対して自分の考えを持つ癖、観察する癖をつける。どんなにつまらないことでもかまわない。とにかく、あらゆることに興味を持って、自分の視点で考える習慣を身につける。自分自身のテーマを発見するには、とにかく「自問自答」する習慣を身につけるといいだろう。それが、ひいては知的生産を強力にサポートする技術になるのである。

〝誤解のない文章〟を書く一番の基本

私が文章を書く上で、最も影響を与えられたのは、高校三年生の時に英作文を教えてくださった笹原儀三郎先生だ。この先生のことを忘れるわけにはいかない。笹原先生は鶴岡市の御出身で、京都大学の英文科を出られ、旧制二高（仙台）の教授から、戦後、私の母校の鶴岡第一高校（新制）の校長先生として赴任された。

そして、英作文の時間を担当されたのだが、英作文とは言え、しっかりとした文章を書くという気魄めいたものをつねに感じさせる先生だった。その先生から教えられたのは、「主語」を見つける、というきわめて単純なことだった。

日本語の文章は、どこから訳してよいかわからないような曖昧さがあるものだ。その時に、素早く主語を見つけ、動詞（述語）をつければ、きちんとした英作文の骨格ができる。うまい下手は別として、この技術を習得したおかげで、英作文がすっかり身近なものとなった。英語で作文ができるのだ、という自信を持つことができた。

この英作文の「主語を見つける」という技術が、私の文章作法に強く影響を及ぼしているのは言うまでもない。主語さえ明確にすることができれば、動詞はそれに従って決まる。主語がはっきりしている文章は、やはり読む人の頭にスムーズに入りやすいのではないだろうか。

文章技術は、確かにいろいろある。しかし、「何がどうした」という主語と動詞の関係が文章の基本。これ以外にはないのだから、その「何」を明確にして書くという癖をつけるだけでも、文章は、ずいぶんすっきりするように思う。

ところで、会話と文章とはまったく異なるものだ。会話の場合は、主語がなくても相手の言おうとすることがだいたいわかってしまう。それは、会話ではシチュエーション（状況）が、その内容を助けてくれるからだ。

ところが、文章はシチュエーションから切り離されてしまう。文章はシチュエーションから離れたコミュニケーション技術なのである。その離れ方が、時間的な場合は遺言などとなる。文章には、会話とは異なる独特の趣があると言っていい。だからこそ、主語が明確に表現されていることが欠かせない。

手紙の場合を考えてみよう。手紙では、もしも主語が欠けていた場合、書き手のシチュエーションがわからないケースが多いものだ。。そうなると、受け取ったほうは、文意を理解することができない。やはり、主語がはっきりしているかどうかが、文章のわかりやすさのポイントであり、誤解を招かないために必要不可欠な条件ではないだろうか。

度が過ぎる〝メモ魔〟も考えもの

さて、文章を書く材料を手帳にメモしておくかどうかについて、私の考えを述べておこう。名著『知的生活』を著したハマトンは、絵画と写真はどこが違うか、という話のところで次のようなことを言っている。

「ある景色を考えてみよう。写真は全部、その景色を写し込んでしまう。ところが、絵画の場合、画家はその景色を見て、スケッチしたものをのちにアトリエで仕上げたりする。そうすると、印象の強いところだけが残る。それが個性というものである」

これを私なりに解釈すれば、「物事は忘れ残されたところに個性がある」と言えようか。面白い話を聞いて、これは興味深いな、と思って頭に残っていれば、それは私の個性に合った話であり、何も残っていなければ、関心がなかったということである。

つまり、面白い題材は記憶しておけばよいことであって、何でもかんでもメモを取るというのは、時間の無駄に過ぎない。これは、いずれ使いみちがあるなと直感したものだけをメモしておけばよい。

私も手帳は携帯しているが、面白いなと思ってメモしたものは、ほんのわずかに過ぎない。一年たっても、一ページを埋めることができるかどうか、といったところだ。印象深いものは頭に残るのだから、とにかくいかに忘れるかが重要なのである。

あまり関心もないことに詳しいメモを取る時間があるなら、その分、読書の時間に充てるほうが、どれだけためになるかも知れない、と言ってもいい。

かつて、大手新聞の女性記者と対談したことがあった。その女性記者は、テープレコーダーを使うどころか、メモを取ることさえまったくなかった。これには、私も感心させられた。掲載された内容も、私の考えを十分に反映したものだった。

おそらく、その女性記者には、こう書きたいというものがあり、それを当意即妙の質問によって私から引き出し、記事としてまとめ上げたのではないだろうか。

取材後にテープを確認したり、メモを整理するという面倒な作業を省くことができる、実に効率のよい時間の使い方である。誰にでも真似のできることではないが、メモを取るのは最小限にとどめ、印象深いことだけを頭に残しておくのもよいのではないだろうか。

一般のビジネスマンの場合はどうか。おそらく、打ち合わせなどでテープレコーダーを使うというケースは少ないのではないか。たいへん重要な会議だから、一言も漏らさずテープに録音しておこうなどと思う時があるかも知れない。しかし、そうしたことは極力避けるべきである。時間を効率よく使っているとはとても思えない。およそ知的生活者がやるべきことではない。

たとえ重要な会議であっても、ノートにメモを取るだけで十分だろう。そのメモにしても、もちろん一字一句書き留めることなど愚の骨頂というものだ。これは重要だというキーワードを書き留めておくだけでいい。時間がたてば、そのキーワードだけでは会議の要点を忘れてしまうかもしれない。自信がないという時には、会議の後の数分を利用し、そのキーワードに対して印象深いことを書き添えておくことだ。そうしておけば、会議の要点を忘れることもないだろう。詳しい記録は議事録を取る人の仕事だ。

9

「自分の夢と現実をイコールで結ぶ生き方」

若いころ、心理学者、ウィリアム・ジェイムズのエッセイ集を読みふけったことがある。夏目漱石の愛読書とも言われるもので、その中に夢を実現する「信念」について触れた、実に感銘深い部分がある。それを噛み砕いて言うと、次のようになる。

「未来の自分自身の夢を先取りし、現実とイコールで結んでしまう。現実と夢が一致したという状況をイコールで先取りして結ぶことで、その夢の実現の可能性が大きく高まる」

例えば、あなたが将来独立し、海の見える高台の一軒家に仕事部屋をつくろうという夢を持っていたとする。決して大きな夢ではないが、それを現実の状況とイコールで結んでしまう。その信念の力が強ければ、夢の実現は意外に早いのではないかというわけだ。

夢を天秤にかけるよりもこの〝声〟に忠実に

信念の力で夢と現実を結ぶ、つまり夢を実現するという信念は、理性ではなく感情、エモーションである。理性で考えても、夢と現実はイコールでは結ばれない。逆に言えば、強烈な感情を持ち込めるようなイコールの結び方ができた夢は、必ず実現できる。こういう仮説を立て、前向きに生きていくべきだろう。

夢は、大きくても小さくてもかまわない。大きな夢だからといって、実現はむずかしいなどと考えるべきではない。小さな夢であれ、大きな夢であれ、それを達成するための努力や苦労といったものに大差はない。これが重要なポイントである。

むずかしいと思われるものむずかしからず、やさしいと思われるものやさしからず。夢を天秤(てんびん)にかけたところで、それを実現するまでの労力に大きな違いはない。

例えば、教師になる夢を持ち、大学の教授になろうか、それとも中学の教師になろうか迷っていたとしよう。一見、大学の教授になることのほうがむずかしいように思うに違いない。

「教授のほうがレベルが高い」と。

しかし、どの種類の教員になるにせよ、その過程で苦労する量に大した差はない。だから、どちらが本当に好きなのか、自分に向いているのか、という視点で決めればいいのである。夢というのは、その大きさやむずかしさで考えるべきではない。そうではなく、本当に自分の望んでいることにターゲットを絞り込んだほうがよい。

あくまでも情念的に夢と現実をイコールで結ぶ。その力さえあれば、夢のレベルが高いとか低いとか、またむずかしいとかやさしいとか、そんな世間的な通念などはまったく関係ない。自分の情念に従うことが、夢を実現する唯一最大の近道である、と言っていい。

慢心の恐ろしさを「花」にたとえた世阿弥の処世法

室町時代の能楽者であり、謡曲作者である世阿弥の遺した書に『風姿花伝』がある。芸（彼においては能）の道について書かれた一級の書と言えるが、その第一に「年来稽古条々」として、生涯を七つの時期に分け、各時期における稽古の基本方針、つまり勉学の方針を解き明かしている。これは現代にも十分通じる人生論になっている。

七つの時期とは、

第一期：六歳から十一、十二歳まで
第二期：十二、三歳から十五、六歳
第三期：十七、八歳から二十三、四歳
第四期：二十四、五歳から三十三、四歳
第五期：三十四、五歳から四十三、四歳
第六期：四十四、五歳から五十歳くらい

第七期：五十有余から

となる。

世阿弥は、日夜怠らず勉励すれば、第四期において、「芸能の定まるはじめなり。さるほどに、稽古のさかいなり」と、一生涯の芸が確立されるようになって修業のほうも一転機が訪れると言っている。

現代においても、大学の研究室や会社で、同期で入った人間の間に格差が出始め、目につく業績が出始めるのはこの年ごろだろう。

が、世阿弥は「このころの花こそ初心と申す」と言う。つまり、この年ごろの花を「初心」と言うべきなのに、当人は奥義を極めたような気になってしまって、慢心してしまう。そうではなく、このような時こそ、根本的な内省が必要で、「わが位のほどをよくよく心得」「位より上の上手と思えば、もとありつる位の花も失せる」と、わが位を熟知すべきことを喚起している。

自分の仕事や勉強に〝まことの花〟はあるか

世阿弥は、第五期の三十四、五歳から四十三、四歳までを「盛りの極め」とし、全盛期であると言う。そしてこの十年間こそが、過去のやり方をよくわきまえ、これからのやり方を会得する重要期だと言っている。

実際、学問の世界でも、三十二、三歳までに目を見張るような仕事をした人が、その後、晩年まで世間に認められるような仕事をするかどうかは、この時期にかかっているような気がする。

だからこそ、世阿弥は「さるほどに、上がるは三十四、五までのころ、下がるは四十以来なり」という恐ろしい言葉をとどめを刺すように記している。

全盛期を過ぎる四十四、五歳から五十歳くらいまでが第六期になるのだが、現代で言えば、六十歳くらいまでだ。『風姿花伝』は能の世界の話だから、このころからは人に見せる芸としては年には勝てなくなってくるので、「よき脇の為手（して）を持つべし」と、後継者を育て、そちらに花を持たせるようにしていけと言う。

ただし、「もしこのころまで失せざらん花こそ、まことの花にてはあるべけれ」と、このころになっても消えない花こそがまことの花であって、それまでの花が本物であったか、時分の花に過ぎなかったのか、立証されると言外に言うのだ。

耳の痛い話ではあるが、人生の現実と言えるだろう。まったく非の打ち所のない十五世紀の教育書は、私たち日本人の人生観とあいまって、生き方の理想像を見せてくれているようではないか。

深井戸プラス〝補助の井戸〟が人生を充実させる

世阿弥が語っているように、一芸を身につけることが充実した人生を送る一つの道である。それに反論する人はいないだろう。何ごとも、ある分野を一生懸命追究すれば、必ずその道の専門家になり、人からも頼られ尊敬されるものだ。

例えば、資産運用のことだったらファイナンシャル・プランナーの資格を持っている彼に頼もう、税務対策はあの税理士に、法律問題だったらあの弁護士に、特許のことは弁理士の彼にというように。あるいは、パソコンに関しては彼が詳しい、金融問題については彼が一番よく知っているなどと、別に資格を取得するしないにかかわらず、誰でもその道のプロになれるものだ。

何ごとかに秀でた人であれば、仕事も次々に舞い込むだろう。立派に独り立ちでき、第一線で活躍することも決して夢ではない。一生懸命に取り組んできたことが、きっと大きく報われることになるはずだ。

が、この一芸のほかに、もう一つ補助の〝井戸〟を掘ることをおすすめしたい。そうすれば、どれだけ人生が充実するかわからない。補助の井戸とは、一つの専門分野のほかに、それに関連した分野をもう一つ追究し、自分のものにしてしまうことである。

軍医でもあり、文学者でもあった森鷗外のように、まったく違った井戸を掘ることも不可能ではない。

有名になるというのは、誰にでもできることではないが、少なくともまったく異なる分野を深く掘り進めていくというのは、それほどむずかしいことではないだろう。

だが、掘りやすいのは自分の専門分野に関連した井戸である。深井戸が一つ、そしてそれに関連性の高い井戸をもう一つ掘る。

それは、浅井戸でもかまわない。もちろん深井戸のほうは、それこそ自らの志のもとに、徹底して深く掘り進めていく決意が必要だろう。

例えば、パソコンに詳しいことを一つの深井戸とすれば、それに関連した分野として、ソフト開発もできるように技術を磨いていく。当然、インターネットについても詳しくなる。そうすれば、パソコン一つで独立することも不可能ではないだろう。ビジネス・チャンスは無限に広がっていくはずだ。

深井戸を掘り、そしてその周辺の井戸も掘り進める。そうすれば、人生をより充実させることができるだろう。

専門分野の井戸は誰よりも深くまで掘る

「知謀湧くがごとし」という言葉がある。これは、日露戦争の時に東郷平八郎司令長官の下で連合艦隊の参謀をしていた秋山真之中将の銅像が建てられた時に、東郷元帥が「知謀如湧」と書いたのが、そのいわれである。この「知謀湧くがごとし」を英語で言えば、リソースフル（resourceful）となる。

これは、知恵が一回きりではなく、次々と尽きることなく出てくることを意味している。これからイメージできるのは、例えば、井戸から水をいくら汲んでも、後から後からこんこんと湧き出る様である。

このリソースフルという言葉に、知的生活者のあるべき姿のヒントが隠されているような気がする。つまり、リソースフルになる道は、井戸を涸らさないことである。そのためには、自分の井戸の数を増やすことが大切だ。井戸の数が多くても、すべてが浅い井戸では困るが、井戸一本だけでは発想が涸れやすくなるのだ。

井戸を何本も掘っておくことが肝心である。一本目の井戸の水が汲みすぎによって涸れかけたら、二本目の井戸を使うのだ。二本目の井戸が涸れかけてきたら、三本目、というふうにしておけば、そのうち一本目の井戸には再び水がたまって使えるようになる。

どれだけ井戸の数を増やすか、それも深く掘った井戸の数を増やすかが、知的生活者がより深い知的生活を味わっていくための目標ともなるだろう。

ビジネスマンであっても、何か一つ専門分野の井戸を徹底的に深く掘っておかなければならない。その発想の泉から、次から次へとアイデアを湧出させるためには、最初の泉が〝自信〟という水脈に達するまでの深さになっていなければならない。

しかし、その自信が、揺るがぬ自信にまでなった時、その人ならではのユニークで独創的なアイデアが生まれるようになる。そのアイデアは誰もが一目置くアイデア、言い換えれば含蓄が深く、かつ鋭さのあるアイデアとなるのだ。

もっとも、「それだけでよしとしてはいけないよ」というのが、リソースフルの考えなのである。でなければ、いつしかワンパターンになってしまって、「また同じことを言っている」と、その知的生産物は見向きもされなくなっていくからだ。

経験を〝発想の泉〟に転化させる達人

私はリソースフル人間の代表として、作家で経済企画庁長官の堺屋太一氏と、評論家の竹村健一氏を紹介することにしている。

堺屋氏は、元来は通産省の官僚である。その後、石油危機を扱った小説『油断』（文藝春秋）を書き、小説家になった。

人気ある小説家になってからも政府の税制委員会など、数多くの委員会に名を連ね、つねに関心を広く持っておられるが、ほかのメンバーの独自の意見に刺激されることもあるのだろう。

氏は、小説家であるから、発想の泉をつねにどこかに求めていかなければならない。そして小渕内閣では、経済企画庁長官として入閣もしている。今後は、その経験をも素材にした小説が生まれてくるに違いない。

竹村氏は、テレビやラジオ、週刊誌などを舞台に活躍している。テレビやラジオの対談ものでは、ホットな話題の第一人者をゲストとして招き、新鮮な話を引き出す。それをまた、次のゲストにぶつけ、新しい話を引き出している。

これは、氏自身が、物事を一面的にだけ見るのではなく、多面的に見たり、検証したりしようという生き方をしているからできることである。

その意味で、典型的なリソースフル人間である。井戸というよりは、「水道」と言ったほうが適切なほど、汲めども尽きない豊かな発想の持ち主である。

「感謝する」ことには敏感、「感謝される」ことには鈍感であれ

私たちは、自分一人で生きているのではない。多くの人と支え合って生きている。そのことを忘れてはいけない。だからこそ、「感謝して生きる」ことが大切なのである。人から感謝されて、喜ばない人はいないだろう。

「助かりました。ありがとう」――そんな言葉を発せられて、嫌がる人はいないはずだ。それによって、豊かな人間関係を築くこともでき、人生をより充実させることができる。

ふだんの仕事にしても自分一人でできるものではない。多くの人の協力を得ながら、一つのものが完成する。「支え合う」ということに気づかない人は、「感謝して生きる」ことなどとうていできないだろう。およそ、その人の人生は貧しいものになってしまうのではないか。

感謝すべきことには敏感であれ、感謝されることには鈍感であれ。なかなかできることではないが、時々、自分をこの面から反省してみることは、向上の大道である。ちょっとでも油断すると、感謝すべきことに鈍感に、感謝されることには超敏感になるのが、我々凡人の傾向なのであるから。

「感謝して生きる」という姿勢があれば、あなたの夢も必ず実現し、人生の「豊かさ」を享受することができるのではないだろうか。自己実現とは、自分の好きなことをやって、十分に食うことができ、のみならずその結果が他人によって高く評価されることである、という。その自己実現の方法は、勤勉・正直・感謝以外にないというのが私の結論である。ともかくも大きい夢を描き、その夢の実現に向けて倦(う)まずたゆまず働くことである。

10

測れる知力と測れない知力について

私はかつて知的という言葉の「知」について、英語では二種類の言い方がある、と紹介したことがある。これは、『知的生活』の著者ハマトンが指摘していることである。人間の知力を二種類に分けるというのは、私が子供のころ漠然と描いていた疑念を一掃するものであり、まことに感銘深いものであった。

学問とは違った「知」があることを教えてくれた母

その疑念というのは、私の育った家庭環境から起こったものだった。というのは、父のほうは漢字をたくさん知っている人であり、母のほうは漢字をほとんど知らない仮名だけの人であった。戦前の日本は、知っている漢字の数が知能の高さと一致するがごとく思われていた時代であったので、当時の基準で言えば、私の父は頭のいい人であり、母は頭の悪い人ということになる。

母は小さい時に両親と死に別れ、「おしん」よりも苦労して、学校にも行けず、仮名を覚えただけだった。そして、漢字をほとんど知らないことを、自分の頭が悪いためであると思っていたようである。ところが、両親をつねに内側から見ている子供たちからすると、頭のよさとは、漢字を知っている知らないとはあまり関係がないのではないかと思っていたのである。

母は自分に学問のないことを心得ていたのか、意見などはほとんど言うことがなかった。しかし、たまに何かを言うと、その言葉には子供心にもなるほどそうだ、と思わせるものがあった。

いわゆる学力あるいは漢字の知識という意味の「知」で言えば、私は旧制中学二、三年ごろの力で、父を超えたと言えよう。母のほうは小学二年生ぐらいで超えたと言ってよいだろう。ところが、大学に進学した私が父の知力を超えたと言うことには、いささかのためらいもないのであるが、母については死ぬまでその知力を超えることができなかったのではないかという、妙な印象を持っている。

これについては、一つの強力な思い出が私の中にある。昭和三十年に、留学のため私がドイツへ発ってから半年後に母が亡くなった。その留学が決まって、私が東京から故郷に帰った時に、母がいくつかの点について私に質問をしたのだが、それは当時の私が考えもつかなかったことなので、なるほどと感心したのだった。その時のことを思い出すと、母のほうが知力が上だったのではないかという印象が強く、いまだにその思いが拭えないのである。

ところが、こんなこともあり、母に対する尊敬心はあるのだが、その一方で気持ちがよくないという思いもするのである。というのは、私の父は田舎で育ったこともあり、高等教育は受けなかった。しかし、雑誌などをたくさん購読していたので、知識は多かった。

ところが母は本などまったく読まない。私は本をよく読み、できれば本を書くような人生を送りたいと思っていた。それが、どうも本をよく読む父のような人間がちっとも利口に見えなくて、本を読まない母が利口だと認めるのは、あまりよい気持ちがしなかったのである。私は新制の大学院の、最初のころの卒業生で、最高学府を出たと言っていいだろう。だが、留学の数日前に私よりも母のほうが知力が上だと感じたのは、どうも落ち着かない気分だったのである。

それから、何十年もたって今度は客員教授として渡ったアメリカから帰ってきた時、ハマトンの『知的生活』を読み直すと、知には二種類あると書いてあった。それは、「インテリジェンス」と「インテレクト」と呼ばれるものである。

インテリジェンスとは、ダチョウとかニワトリなどのような、足で走れる知識。インテレクトとは、ワシやツバメのような空中を突っ切って飛ぶことのできる知識。人間の知力にもこの二種類あって、地に足のついたような知力と、空を突っ切って飛ぶような知力があるのではないか、とハマトンは言うのである。

ＩＱテストというのがある。ＩＱのＩは、インテリジェンスかインテレクトかと問われれば、インテリジェンスである。ダチョウ型の知というのは、ＩＱテストのように、漢字を覚えたり数学を解いたり、といったような測定可能な知力である。

ところが、こうしたテストでは測れない知力というものもあるのだ。知能の研究家によると、知能因子というのが百二十くらいあって、そのうち測れるものが四十数個、測れないものが七十数個あるというのである。例えば、測れる知能因子は単語をどれだけ覚えられるか、計算がどれだけできるかというようなものである。これに反して測れない知力とは、未来予知力とか、人の心を察する能力とかであり、この種類の知力を正確にはとらえることはできない。私の母は、このことを考える時、相当高いインテレクトの持ち主だったと思えるのである。

〝インテリジェンス競争〟の構図に女性が入ろうとすると……

ところで、学校の主要科目と呼ばれる入学試験の中心となるものは、典型的な測れる能力である。主要科目とは確実に測れるものなのである。一方で、人柄がいいとか、直感が優れているなどといった能力は測れない。

測れる能力は学校では非常に便利なものさしになる。しかし、人生においてそのどちらが重要であるのか、というのが問題だ。もちろん、測れる知力と測れない知力の両方が優れている人もいるだろう。しかし、こうした人は稀である。例えば、商売をやった時に、学校の成績のいい人が成功するとは限らない。商売は客の心をつかまなければならなかったり、時流を読まなければならなかったりするからだ。

経営者でも、学校の成績がよければいい経営者になれるかと言えば、そうでもない。前述したように、大企業の重役は一流大学を出たバリバリの切れ者が多いが、この人たちが自分で商売を始めた時に成功するかと言えば、必ずしもそうとは言えない。従業員の心がつかめるかどうかという経営者としての才覚などは、典型的な測れない知力の一つだ。

知に二種類あるということは、人間の基本的・根本的なことであると思う。にもかかわらず、現在は学校万能の時代である。学校の成績がよければ、いい会社に入れる、官公庁に入れる、安定した生活が約束される。そして、男女差がどんどんなくなっていくという時代になっている。これは人間の基本的立場から見てどうかと、このごろ私は首をひねることが多い。特に、インテリジェンスの競争を勝ち抜いてきた女性を見るにつけて、考えさせられるのである。

ゲーテは、教育の理想は「男は召使いに、女は母に」と言ったそうであるが、男の場合は知力や体力を鍛えて職業に就けばいい。そこには、周りからも、そして本人にとっても何の心理的葛藤はないだろう。まず、測れる知力の競争に勝ち抜いた人間の集まりの中に入り、それからのちに人の心のわかる者とか、未来予測に優れた者とかが上に立つ人間を目指せばいいのだ。

ところが、女性がこの同じ構図に入ろうとすると、男性と同じく測れる知力を大学や大学院で徹底的に鍛えなければならない。例えば、一人前のキャリアを志せば、二十五、六まではみっちりと勉強、もしくは仕事に邁進しなければならないだろう。エリートコースにがっちりと乗るためには、学位あるいはそれに相当する資格の取得者でなければならない。いきおい、三十歳くらいにもなるであろう。

そうすると、女性は妊娠・出産という問題にぶつからざるを得ない。例えば、日本の最難関大学や外国の一流大学・大学院を卒業したり、むずかしい試験をパスし続けるということが、妊娠・出産という機会、またはその能力そのものさえも奪ってしまうことがある。これは私の周囲でも、かなり目についている。

昔、ある著名な女流劇画家と対談したことがある。その方は子供が欲しいのだが、どうも妊娠できない。医者に相談すると、根（こん）がつまる画（え）など描かなければできますよ、と言われたそうだ。針仕事など、精神的な集中力をさほど必要としないものならよいが、心身ともに負担がかかるような仕事をしていると、やはり妊娠しづらい身体になってしまう、ということなのだろうか。

また、これもある著名な著作者であり大学の先生でもある女性から聞いた話だが、妊娠している時に物を書こうとすると、頭が割れるような、ものすごい不興感におそわれたそうだ。女流作家でも、子供を産まない、子供を産まない人、産んでも一人、という人が多いのではないか。

もちろん、子供を産まない、あるいは一人ぐらい産んで、自分のキャリアを求めるというのも一つの生き方である。しかし、測れる知力の錬磨が絶対ではない、ということを考える時、女性に特有の能力・知性を犠牲にすることの影響というものをも、考えざるを得ないのである。

女性の地位が非常に低かった封建時代においても、母親というのは一目置かれる場合が多かった。それは男の見ないものを見、男の感じないものを感じる知力があって、自然と家庭の中で地位を高めていったからではないか、と考えることがある。

特に、数カ月前まではこの世にもいなかった赤ん坊の成長を見守っていくという、ある種の神秘感を通じて、男にはない知力を発達させていったのではないだろうか。大学を卒業した私でもかなわないと思った母は、インテリジェンスの知では測れない、深い知性を磨いていたのではないかと思うのである。

ミセスと呼ばれたいか、ドクターと尊敬されたいか

機械文明の発達によって、男と女の区別を以前ほどは意識しないですむようになった。昔は旅行するのに馬に乗ったり、労働も過酷な肉体労働がほとんどであった。こうしたことは、女性にとってはつらく、なじまないことであったろう。ところが、現在では鍛えた知力があれば、男女の差は関係がなくなってきた。力仕事においても、フォークリフトを使える女性のほうが、使えない男性よりも力持ちであろう。ダンプカーの運転免許を持っている女性のほうが、持っていない男性より、はるかに力仕事ができる。

しかし、そうした男女の区別がなくなったことが、どこまで人間の本性に合致するかということについては疑問である。こうした風潮は人類四十億年の歴史に比べれば、たかだか五十年あまりのことにすぎず、それを絶対化することは危険なのではないか、と私は絶えず考えている。

私の娘は三カ国の大学を出て、結婚し、子供を産んでいる。しかし、高学歴であっても

職についていないので、彼女自身の収入はない。スポック博士の著書の中に、こんなことが書かれていた。女性がミセスAと呼ばれるのを選ぶか、ドクターAと呼ばれるのを選ぶかといった場合、昔はたいていミセスのほうを選んだ。しかし、今はドクターAと言われるのを選ぶ。その動機は主として経済的なものであるという。そして、これはあまりよい傾向ではないのではないかと博士は言っている。もちろん、こうした意見は、その後間もなく生じたアメリカの戦闘的女性運動家によって攻撃の的にされた。

女性であるがゆえに可能となった〝知的風景〟の大変化

ドクターを取ることは、経済的自立に向かう一番いい道である。ところが、ミセスになる道は金にならない。もちろん、ミセスになって幸せな生活を送る、いい子供を育てる、楽しい家庭をつくる、こうしたプラス面もある。

ところが、今のような社会では、そうしたミセスの生き方は高い評価を与えられないかも知れない。子供は家庭内暴力に走るかも知れない、将来経済的に困るかも知れない。そうすると、ミセスでいいことは減ってきてしまうだろう。

ドクターやキャリアの道に進めば、子供はいなくても、家庭は索漠(さくばく)としていても、世の中を渡っていくには有利な面もあるだろう。どちらの道がいいと私には断言できない。私の大学の文学部でも、近年専任の先生を何人か雇ったが、半数以上は女性だったと記憶している。これは、日本の知的風土の変化を思わざるを得ない。

男性は結婚すれば、妻子を養わねばという家庭の責任を負っている。学問への関心もさることながら、経済的な圧力がものすごく強くなってくる。そして専門の勉強に集中する時間を割いて、兼任講師などをしている。その増えた収入で妻子は比較的余裕ある生活ができるかもしれないが、自分の学問の発展はなかなか望めない。

一方、女性は勉強を続けていた人がのちに結婚しても、夫を養わなければならないという義務感はない。自分の研究に思う存分、身が入れられるわけであり、これは現代の知的風景の大変化である。このままいくと、大学はどんどん女性が有利になると思われる。結婚さえしなければ、もしくは結婚しても子供が一人くらいならば、状況は男性よりも絶対に有利である。

これは、知的人生を愛する女性にとっては、たいへんによいことであろう。一方、男性にとってはむずかしい時代と言えるだろう。昔、男は自分の仕事や研究のためなら、家庭を犠牲にしてもかまわないという社会の容認があった。しかし、今こんなことを言えば非難の的になるであろう。

これから抜け出すには相続税をゼロにするか、税金の制度を抜本的に変えなければならないだろう。相続税をゼロにすれば、金持ちがたくさんできる。そうなると、キャリアに対する世の人たちの考え方が違ってくる。

相続税の心配がなくなれば、何もキャリアを望まなくても、経済のことは親が残した金でたくさんだ、と思う男が出てくるだろう。その中で、朝から晩まで勉強する男、ばくちをする男、芸術にこる男が出てくるかもしれない。そういう男が出た時に、再び男の能力がフルに発揮できる世の中になっていくのだと思う。

また、そういう人と結婚すれば、わざわざ子供を産むのをあきらめてキャリアを目指す必要のない、かつ経済的な基盤のある女性もたくさんできると思う。

男性も女性も、多様な生き方が許される社会であることが望ましい。

ただ、現在男と女が直面している問題——男性は家族を養うという責任があり、知的生活においては絶対的に不利である、女性はキャリアを追い求めると、それと引き替えに「子宮を枯ら」さなくてはならない——を改善するには、相続税の廃止が一つの確実な道である、と私は思うのである。

11

知的生活と経済基盤
——目先の煙に巻かれない生き方

知的生活を送ろうと思えば、必ずお金が必要になる。そのお金をどのように扱ったらよいのか。また、どのようにしてお金を手に入れ、蓄え、使えばよいのか。これは、我々が人生を生き抜く知恵を持っているかどうかが、如実に表われるところである。

人間の優れた資質のいくつかはお金にからんでいる

サミュエル・スマイルズの名著『自助論』の中に、「お金の知恵」と題して、的確に指摘している項がある。少し長くなるが、お金に対する考え方の参考になるので引用しよう。

「もちろん、お金を人間生活の第一の目的だなどと考えるべきではない。だが同時に、物質的安定や社会繁栄の大部分がお金で支えられている事実を見ると、お金など取るに足りないものだとは言えないし、聖人ぶってお金を軽蔑するのも正しくない。……キリストの十二使徒の一人が言うように、家族すら満足に養えない者は『信仰なき者にも劣る』のである」

「実際、人間の優れた資質のいくつかは、お金の正しい使い方と密接な関係を持っている。寛容、誠実、自己犠牲などはもとより、倹約や将来への配慮というような現実的な美徳さえ、お金とは切っても切れない仲にある。その一方で、お金儲けに血道を上げる人間には強欲やペテン、不正、利己心がつきものだ」

「人生に成功し、何不足ない生活を手に入れようと努力することは、それ自体が一つの教育である。その努力は人間の自尊心をかきたて、実務能力を引き出し、忍耐や持久力という美徳を鍛え上げる。先見性があり、注意深く心を配る人間は、優れた思慮分別を持っているに違いない。現在の生活のみにこだわることなく先を読んで未来に備える人間には、浅はかな考えの持ち主は一人もいないはずだ。そのような人は節制にも心がけ、いかんなく克己心を発揮するだろう。この克己心という美徳ほど、人格形成に強い力を与えるものはない」

経済的自立なしに人は評価されない

お金というと、なぜか口にするのをはばかる人がいる。しかし、お金こそ処世の基盤ではないだろうか。経済的自立なしには、世間は決してその人を評価することはない。この本のテーマである「知的生活」も、経済的自立がなければ成り立たないことは明白である。もちろん、修道士や良寛や鴨長明や西行や芭蕉のような知的生活をやる自信のある人には、また別の方法があるであろう。

私が尊敬する人物で「知的生活」と「経済生活」とを立派に両立させた格好の例があるのでご紹介しよう。

その人の名は本多静六博士。収入の四分の一を貯蓄に回し、せっせと蓄財に励み、ついには巨富を築いた学者である。蓄財に対する堂々たる態度、そして蓄財したものの見事な使い方、実に立派である。

そもそも本多静六先生とはどういう人か。

本多先生は、慶応二（一八六六）年、埼玉県の片田舎に生まれた。十一歳で父親に死なれ、農業や米搗きの仕事をしながら苦学、十九歳で東大農学部の前進である東京山林学校に入学した。だが、入学したはいいが第一学期の試験に落第、それを悲観して自殺を図った。井戸に身を投げたのだ。ところが、である。思わず片手で井戸の枠をつかんでいた。何しろ米搗きで鍛えた腕力である。楽々と身を支え、どうしても死ぬことができなかったというエピソードを残している。

ここで本多先生は一念発起する。一心不乱に勉強に励み、優秀な成績で卒業してドイツに留学、学位をとって、わが国最初の林学博士になっている。帰国して東京帝大農学部の助教授になったのは、二十五歳の時だった。

日本の林学の父とうたわれ、その業績は『本多造林学』といった著書三百七十冊になり、国立公園事業に尽力するなど、多大の功績を残した。だが、これで本多先生という人を語り尽くしたことにはならない。東京帝国大学教授として教鞭を執るかたわら、せっせと蓄財に励み、やがて東京・淀橋区（ほぼ現在の新宿区）の最高多額納税者になるほどの巨富を築いたことを忘れるわけにはいかないだろう。そこにこそ、本多先生の面目は躍如としているのである。

「お金の現実」をまざまざと教えてくれた名著『私の財産告白』

本多先生は昭和二十七年に亡くなられた。享年八十六であった。明治以前に生まれた人としては、たいへんな長生きである。亡くなられるほぼ一年前、本多先生は「これまでたくさんの本を書いてきたが、それらとはまったく異なった本を書く」として、一冊の著作をものした。それが、私が大学院生であった二十三、四歳のころに手にした『私の財産告白』である。

本多先生がこの本に込めた意図は序文に明らかである。

「今ここに長い過去を省みて、世の中には余りにも多くの虚偽と欺瞞とご体裁が満ち満ちているのに驚かされる。私とてもまた、その世界に生きてきた一偽善生活者の一人で、今さらながら慙愧の感が深い。しかし、人間は八十五の甲羅を経たとなると、そうそう嘘偽りの世の中に同調ばかりもしておられない。偽善乃至偽悪の目をかなぐり捨てて真実を語り、本当の話をしなければならない。これが世のため人のためにもなり、それが我々老人相応の役目であると考える」

そして本多先生はこう語っている。

「特に財産や金儲けの話になると、今までの社会通念においては、いかにも金儲けの話は心事陋劣のように思われ易いので、本人の口から正直なことは言えないものであるけれども、金の世の中に生きて金に一生苦労し続けるものが多い世の中に、金について真実を語るのが少ないのも、皆にそう思われるからである。

しかし、やはり財産や金についての本当のところは、世渡りの真実を語るには必要欠くべからざるものであるから、もっとも大切な点をぼんやりさせておいて所謂処世の要訣を説こうなどというのは、およそ矛盾である」

そこで、お金について自分のすべてを語る、ということで書かれたのが、『私の財産告白』なのである。すでに絶版になってしまったのだが、実際、この本の中で本多先生はお金についてざっくばらんに語っている。そこには一点の偽りもないように思われる。だからこそ、この本は格好の人生手引書にもなっているのである。

私はこの本を読むことによって、はじめてお金というものの本当の姿がわかった。私もすでに古稀に近い年齢になったが、振り返ってみると、これから本格的に人生のスタートを切ろうという二十代の前半にこの本に出会ったことは、本当にありがたかったと思う。私はこの本に書かれているお金についての考え方に共感し、影響を受けた。今の私がこのような姿でいられるのも、この本を読み、お金というものをしっかりと認識できたおかげである、と思わないわけにはいかない。

深遠な哲学書を読むよりも、実生活にはるかに役立つ名著と言うべきである。

収入の「四分の一」は有無を言わずに貯蓄に回す

前述したように、本多先生は父親に早く死なれ、貧乏で苦労した。それだけに、貧乏から脱却することが人生の第一歩になるという思いは強かった。そして、ひそかに蓄財の方法を立案していたのである。それは収入を得るようになったら、その四分の一は有無を言わずに貯蓄し、残り四分の三で生活するという計画である。

それは十分に可能だろう。例えば、収入が当時の貨幣価値で四十円だったとする。すると、十円を貯金して、残り三十円で1カ月を暮らすことになる。暮らせないわけがない。なぜなら、三十円の月給でちゃんと暮らしている人がいるのだから……。本多先生の理論の運びは万事この調子である。

本多先生の初月給は、五十八円だった。その四分の一は十四円五十銭。本多先生はこれを貯金した。これがやがては東京・淀橋区第一の金持ちになる第一歩になった。残りは四十三円五十銭。これで居候までも含めて一家を養っていかなければならないのである。

確かに最初は苦しかったらしい。

米の飯にゴマ塩をまぶしただけのような食事が続く。子供がむずかる。奥さんが言って聞かせる。

「後三つ寝ると甘いお砂糖を買ってあげるからね」

これには本多先生も涙がこぼれそうになったと告白している。

しかし、そこで本多先生は流されはしない。気の毒、かわいそうは一時の感情である。収入の四分の一貯蓄は理性で考え、できると判断して決めたことである。やれば、できるのだ。情けに流されて負けてはならない。そう考えて踏みとどまるのだ。

貯蓄も仕事も〝取りかかるまで〟が一番むずかしい

この『私の財産告白』を読んだころ、つまり昭和二十年代の後半、私は貧乏だった。もっとも、貧乏ではあったが屈辱はなかった。周りの誰もが貧乏だったからである。

しかし、やはり貧乏は苦痛だった。貧乏から脱却しなければ、精神の独立も生活の自立もあり得ないと説く本多先生の教えは、身に沁みてわかった。それだけに、貧乏から逃げようとしてはだめだ、貧乏を退治するのだと説く本多先生の論には、どんと背中を押されたような心強さを感じたものである。

それにしても蓄財というのは、本多先生の本を読むまでもなく、最初が大変だというのは定説化している。それだけに、やろうと決意して取りかかるまでがたいへんむずかしい。だが、本多先生はこの問題には苦もなく答える。理屈もヘチマもない。腹をくってやり始めればいいのだ、と。

私が若いころ、本多先生に負けず劣らず影響を受けたヒルティは、その著書『幸福論』の中で、仕事について、とにかくやり始めることが肝心だと力説している。何ごとであれ、物事のはじめはとにかくやることが肝心、というのは真理なのだろう。

収入の四分の一を有無を言わずに貯蓄する。これは強引なやり方のようでいて、よく考えてみると、なかなか合理的である。四分の一は貯蓄。ということは、残り四分の三は使う楽しみがあるということである。このあたりに四分の一貯蓄を継続していく妙味があるのかもしれない。

貯蓄をすれば利子が入る。当時は現在のようなお話にならない低利とは違うから、それなりのお金を手にすることができる。本多先生はこれも四分の一は貯蓄に回し、残りは使うようにした。

ただし、全額貯蓄に回したものがある。それは臨時収入である。これは本来はなかったものと考えて全部貯蓄に振り向けたのである。

お金のあるところにはいろいろな「知恵」が出てくる

本多先生はせっせと貯蓄を続けた。すると、どうなったか。本多先生は書いている。

「必要なお金は持つがよろしい。欲しいお金はつくるがよろしい。お金というものは雪だるまのようなもので、はじめのうちはほんの小さな玉でも、その中心になる玉ができると、後は面白いようにどんどん大きくなるものである。これは誰がやっても同じことである」

まさに至言である。蓄財は誰がやっても同じ結果になるのではないか。これがお金というもののポイントだろう。金融不安が広がり、低金利下にある現状では、「どんどん大きくなる」というのはむずかしいかもしれないが、蓄財し続ければ増えていくのは当然だろう。

さらに本多先生は続ける。

「お金のあるところには、またいろいろ知恵が出てくる。そしていよいよ面白い投資口も考えられる。こうなるとすべては独りでに動きだし、やたらに金が増えて増えて、我ながら驚いた」

投資となると、貯蓄とはまた別の次元の話になる。しかし、お金ができてくると、投資のアイデアもふくらむらしい。本多先生も株に投資して儲けている。

本多先生は安田財閥の主、安田善次郎と昵懇(じっこん)で、株は彼の影響を受けたようである。安田善次郎の株のやり方は「六分売りの八分買い」が原則である。利回りが六分以下になったら売り、八分以上なら買いというわけだ。今ではこのやり方は適用できないが、当時はなるほど理にかなったやり方だった。

本多先生は株が買値の二割増しになったら、どんなに値上がりが見込めても直ちに売り、儲け分は定期預金に入れるというやり方に徹した。ほかには、株価が二倍になったら持ち株の半分を売る、ということもやっている。これで一度も損をしていない。大したものである。

ともかく、「やたらに金が増えて増えて、我ながら驚いた」と本多先生は記しているが、いったいどれぐらい増やしたのか。

二十五歳で蓄財を開始して、四十歳の時には大学からもらう給料よりも貯金や株の配当の利子のほうが多かった、と述べている。当時の東京帝国大学教授の給料は、今の東大教授のそれと違って、決して少なくない。かなりのものである。それよりも貯金や株式配当の利子のほうが多くなっていたのだ。

定年が間近になったころには、所有する田畑山林一万町歩、住居別荘六カ所、貯金通帳の残高は五百万～六百万円となっていた。ちなみに、当時は一軒の家が一千～二千円で建ったのである。五百万～六百万円が現在のいくらになるのか、計算は容易だろう。

塵（ちり）も積もれば山となる。積小為大（せきしょういだい）。この言葉に嘘はない。

"仕事を道楽化"できるのも十分な蓄えがあればこそ

では、本業である肝心の学者生活のほうはどうだったのか。蓄財に気を奪われておろそかになることはなかったのか。まったく逆である。本多先生は言う。

「経済的な自立が強固になると、勤務のほうもますます励みがつき、学問と教育の職業のほうを道楽化して、ますます面白く、人一倍働いたものである」

そう豪語しても一向に差し支えない。何しろ、本多先生は日本の林学の父と言われるような業績を上げているのだから。そして、本多先生は、職業が道楽化して面白くてしようがないから、自分は一度も休講したことがない、と胸を張る。これは私にも思い当たるところがある。私も病気で休講したことは一度もない。貧乏していてはこうはいかない。安心して生活できる蓄え、つまり経済的自立があればこそである。スマイルズやアーノルド・ベネットが指摘するとおりなのである。

また、本多先生は職業の道楽化ということもしきりに言っている。確かに仕事が道楽同様に楽しいものになれば、どんどん励むようになり、業績も上がろうというものである。そのためにも、何の不安も感じないほどの蓄えがなければならないということである。

もっとも、本多先生の蓄財は四海波静か、順風満帆だったわけではない。

「世の中には人生で最も大切なお金を否定してかかる手合いがいる」

本多先生の言うとおりである。そしてこういう手合いは、大学などに多いものである。

「あいつは金を貯めている」「学者の風上にも置けない奴だ」——すぐに、こういう風評が飛ぶのである。本多先生もこのやっかみと嫉妬の礫（つぶて）を浴びた。

だが、本多先生はこういう手合いを一言で切り捨てる。

「それは、人の疝気（せんき）を頭痛に病む、ということである」

そんなものを気にしてはいけない、連中はお金を否定し、問題にしないようなことを言うが、実はお金のありがたみをよく知り、お金に敏感だから、あれこれ言うのだ、というわけである。

しかし、私にも多少の経験があるが、こういう連中の嫉妬深さはそんなことでは収まるものではない。ついには、本多先生は蓄財に耽るのは学者の品格にかかわるということで、教授有志から辞職勧告を突きつけられることになる。

すると、本多先生はその有志のリーダーを自分の家に連れてきて、黙って家計簿を見せたのだった。そこには二十五歳からのお金の出入りが、一銭一厘の狂いもなく詳細に記されていた。何の不正をやったわけでもない。着実に、それこそ着実に貯蓄して、ついには巨富を得たことが、そこには細大漏らさず記録されていたのである。

これを見た辞職勧告のリーダーは、「これは参った」と両手をついたのだった。そして、女房を連れてくるから、奥さんに家計簿のつけ方を教えさせてくれ、と頼んだという。

やはり実践した者が一番強いのだ、ということだろう。

とにかく〝目先の煙〟に巻かれない生き方を

本多先生は巨富を築き上げた末に、幸福とは何ぞや、という問いにたどりつく。本多先生の幸福の規定は明快で簡潔である。

「結局、幸福とは自分自身の努力と修養によって勝ち取って感ずるものである」

これが幸福である、というわけだ。そして、人生で最も大切なものは何かを、次のように言い切っている。

「一生涯、絶えざる精進向上の気魄。努力の精神。そしてこれを生活習慣にしみ込ませること」

財産はその結果である、と言うのである。そして意外なことに、蓄財してみた結果、幸福にとってお金は大切なものではなかった、とも言うのである。

と言って、決してお金を否定しているわけではない。世俗的成功の基本はやはりお金だと言うのである。経済的生活が独立していなければ、いかなる成功も世間は成功と見てくれない、と説く。お金は幸福そのものではないが、幸福であるためには欠かせないものだ、と説くのである。

お金を蓄えようとすると、ともすればケチと言われる。だが、お金が貯まり実力がつけば、ケチと言われた人でも気前のいい人に変ずる。逆に気前がいいと言われ、一生ピーピー過ごす人もいる。

本多先生は前者を取ったのであり、これが本当の生き方ではないだろうか、というわけである。

そして、本多先生はさらに言う。

「貧乏などは一時のものである。蓄財を心がければあれこれ言われるが、そんなことには耳を貸すな」

「目をつむり腰をかがめて一目散に走り抜ければ、目先の煙に巻かれてまごつくようなことにはならず、そこを突破して弾みがつく生活になる」

「金を馬鹿にする者は金に馬鹿にされる。財産を無視する者は財産権を認める社会に無視される」

これほど実際的で含蓄に富む処世訓を私は知らない。

本多先生の処世の見事さは、蓄えた富の使い方を見れば、さらにはっきりする。本多先生は蓄えた富のほとんどを、国立公園運動などの公共のために使った。

その一つに本多奨学金の創設がある。本多先生の見事なところは、そのための基金を投資だけで運用せず、専門の知識を生かし、森林を持つことにしたところにも表われている。育った木を切って売り、それを奨学金に充てたのだ。

だから、戦後の猛烈なインフレにも本多奨学金は何の支障もなく給付され続けた。それが苦学する有為（ゆうい）な青年たちをどれだけ助けたか知れない。この一事を取ってみても、本多先生の金銭哲学の正しさがわかるというものである。

お金というと、誰もがこそこそした気配を帯びる。その中で堂々とお金を自分の生き方の基礎に据えた本多先生の生き方そのものが、何よりも優れた処世訓になっている。

本多先生は『私の財産告白』の最後に、簡潔に人生の要諦を記している。本多先生の生き方を背景に置く時、実に味わい深い言葉である。曰く、

「人生即努力。努力即幸福」

アーノルド・ベネットも言う。

「何よりまず、生活が成り立つということが仕事をする前提であり、またそうあらねばならない。生活が成り立ってこそ、喜びを持って立派な仕事もできるということだ」

お金があってこそ、凡人も知的生活を楽しめるのである。

（了）

ベストセラーとなり、かつロングセラーでもある『知的生活の方法』（講談社）の出版から約四半世紀が経ち、私もいろいろな経験や新しい知見を得て、「知的生活」というものに対して、新しく気がついたことや再び強調したいことも出てきた。そしてこの度、三笠書房の前原成寿氏より、「知的生活と考える力」について、何か書けないだろうかというすすめを受け、本書の上梓に至ったのである。

繰り返すが、私はこれまで多くの先生方、書物から恩恵を受けてきた。その恩恵のいくつかでも読者の皆さんにお渡しすることができれば幸いである。

渡部昇一

この作品は月刊『ＢＯＳＳ』一九九六年十二月号から九七年五月号に連載した「新・知的生活の方法」に大幅な加筆・改編を施し、一九九九年四月、株式会社三笠書房より刊行した『ものを考える人考えない人』を改題して新装復刊したものです。

渡部昇一（わたなべ　しょういち）

渡部昇一　略歴

昭和5年（1930）10月15日　山形県鶴岡市養海塚に生まれる。
旧制鶴岡中学五年のとき、生涯の恩師、佐藤順太先生に出会い、英語学、英文学に志して上智大学英文科に進学。

昭和28年（1953）3月（22歳）　上智大学文学部英文科卒業

昭和30年（1955）3月　同大学大学院西洋文化研究科英米文学専攻修士課程修了（文学修士）

昭和30年（1955）10月（25歳）　西ドイツ・ミュンスター大学留学。英語学・言語学専攻。

昭和33年（1958）5月（27歳）　同大学より大なる称賛をもってDr. phil. magna cum laude文学博士の学位を受ける。この学位論文は日本の英語学者の世界的偉業となった。日本では昭和40年（1965）に『英文法史』として研究社より出版。

昭和33年（1958）5月　オックスフォード大学の寄託研究生としてE. J. Dobsonに師事。

昭和39年（1964）4月（33歳）　上智大学文学部英文学科助教授

昭和43～45年（1968～1970）　フルブライト招聘教授としてニュージャージー州、ノースカロライナ州、ミズーリ州、ミシガン州の各大学で比較文明論を講ず。

昭和46年（1971）4月（40歳）　上智大学文学部英文学科教授

昭和51年（1976）　第24回エッセイクラブ賞受賞

昭和58年（1983）4月～62年（1987）3月　上智大学文学部英文学科長／同大学院文学研究科英米文学専攻主任

昭和60年（1985）　第1回正論大賞受賞

平成6年（1994）（63歳）　ミュンスター大学よりミュンスター大学名誉博士号を。卓越せる学問的貢献に対して授与された欧米以外の学者では同大学創立以来最初となる。

平成7年（1995）4月　上智大学文学部英文学科特遇教授
平成11年（1999）4月　上智大学文学部英文学科特別契約教授
平成13年（2001）4月（70歳）上智大学名誉教授
平成29年（2017）4月17日　逝去。享年86。

渡部昇一　著書案内

代表的な著作（複数社で出版された場合は、その最新の版。★印はシリーズ）

知的生活の方法（講談社現代新書）
人間　この未知なるもの――翻訳（三笠書房・知的生きかた文庫）
腐敗の時代（PHP文庫）　文科の時代（PHP文庫）
ヒルティに学ぶ心術（致知出版社）
萬犬虚に吠える（徳間文庫）　楽しい読書生活（ビジネス社）
紫禁城の黄昏（上・下）――監修（祥伝社黄金文庫）
人は老いて死に、肉体は亡びても、魂は存在するのか？（海竜社）
★渡部昇一「日本の歴史」全7巻+別巻「読む年表」（ワック）
★「渡部昇一著作集」（ワック）より：日本は侵略国家だったのか――「パル判決書」の真実／税高くして民滅び、国滅ぶ／いま、論語を学ぶ／ドイツ参謀本部／「繁栄の哲学」を貫いた巨人　松下幸之助／渡部昇一の古事記

言語関係の著作

英文法史（研究社）／英語学史（大修館書店）／英語の歴史（大修館書店）
秘術としての文法（講談社学術文庫）／イギリス国学史（研究社）
英文法を知ってますか（文春新書）

新・知的生活の方法
知の井戸を掘る

二〇二三年六月二十四日　第一刷発行

著　者　渡部昇一
編集人 発行人　阿蘇品 蔵
発行所　株式会社青志社
〒一〇七-〇〇五二 東京都港区赤坂5-5-9 赤坂スバルビル6階
（編集・営業）Tel：〇三-五五七四-八五一一 Fax：〇三-五五七四-八五一二
http://www.seishisha.co.jp/

印刷・製本　中央精版印刷株式会社

ISBN 978-4-86590-159-7 C0095